中國石窟

敦煌莫高窟
一

敦煌研究院編

文物出版社

责任印制　张　丽
责任编辑　黄文昆
再版编辑　王　戈

图书在版编目（CIP）数据

敦煌莫高窟.1／敦煌研究院编.—2版.
—北京：文物出版社，2013.8（2023.6重印）
ISBN 978-7-5010-3200-6

Ⅰ.①敦…　Ⅱ.①敦…　Ⅲ.①敦煌石窟-研究
Ⅳ.①K879.214

中国版本图书馆CIP数据核字（2013）第176363号

中国石窟

敦煌莫高窟　第一卷

敦煌研究院　编

*

文物出版社出版发行

（北京市东城区东直门内北小街2号楼）

邮政编码：100007

http://www.wenwu.com

文物出版社印刷厂印刷

新　华　书　店　经　销

开本：965mm×1270mm　1/16　印张：15.25　插页：1

2011年7月第2版　2023年6月第8次印刷

ISBN 978-7-5010-3200-6　定价：360.00元

敦煌莫高窟　第一卷

著者

季羡林（北京大学教授、副校长）

长广敏雄（京都大学名誉教授）

常书鸿（敦煌文物研究所所长）

段文杰（敦煌文物研究所副所长）

樊锦诗（敦煌文物研究所副所长）

马世长（敦煌文物研究所研究人员）

关友惠（敦煌文物研究所研究人员）

冈崎敬（九州大学教授）

施萍婷（敦煌文物研究所研究人员）

霍熙亮（敦煌文物研究所研究人员）

孙儒僩（敦煌文物研究所研究人员）

史苇湘（敦煌文物研究所研究人员）

摄影

文物出版社：彭华士／陈志安／孙之常／张仲清／潘贺

敦煌文物研究所：李贞伯／祁铎

翻译

杨烈／曾丽卿

装帧

三村淳

仇德虎

责任编辑

黄文昆

山本恭一

目　录

图版目录

序—中日友谊，万古长青—

季羡林

中国文物出版社和日本平凡社合作出版的《中国石窟·敦煌莫高窟》现在已经摆在我们面前了。在中日两国人民长达几千年的友好的历史上，这又是一件很有意义的事情。

石窟中的壁画和雕塑，内容都是佛教的。佛教原产生于印度和尼泊尔，先传入中国，又从中国传入日本。佛教作为一个宗教，我们对它是有我们自己的评价的。但是，佛教对传播文化有很大的功绩，这一点也是无法否认的。

我常常想，横贯亚洲大陆的那一条著名的"丝绸之路"，从长安（今西安）开始，一直到达地中海和黑海沿岸，长路漫漫，蜿蜒万里。中间经过无数名城："廛闬扑地，歌吹沸天，孳货盐田，铲利铜山"（鲍照《芜城赋》）。但是，更多的是通过沙漠："四顾茫然，人鸟俱绝。夜则妖魅举火，烂若繁星；昼则惊风拥沙，散如时雨。"（《大慈恩寺三藏法师传》）"沙河中多有恶鬼、热风，遇则皆死，无一全者。上无飞鸟，下无走兽。遍望极目，欲求度处，则莫知所拟。唯以死人枯骨为标识耳。"（《法显传》）其艰难辛苦的情况，跃然纸上。

然而中国的和外国的外交使者、僧侣、商人等等，就沿着这样一条漫长而又艰险的道路，跋涉万里，九死一生，把中国的文化科学成果如丝绸、纸张、造纸术、印刷术、火药等等传了出去；又把外国的艺术、宗教、科学，当然也有商品运了回来。

这一条"丝绸之路"实际上成了古代东西方文化交流的大动脉。如果没有这样一条大动脉，我们简直很难想象，今天文化的发展会是什么样子。

从唐朝或更早一点的时候开始，这一条大动脉又从长安向东延伸，一直越过烟波浩淼的大海，达到了日本。中国的文化，印度的文化，其他欧亚古代国家的文化，就沿着这一条延伸的"丝绸之路"传入日本。

在唐代，日本来华的学者、僧侣、外交官员非常多。最著名的恐怕是阿倍仲麻吕，汉文名字叫晁衡。他长期住在中国，同当时著名的诗人来往唱和，伟大的诗人李白就是其中之一。晁衡本来准备回日本去的，但因事未果，结果就死在中国，成为中日文化交流的一个象征。

到日本去的中国学者、僧侣和外交官员也是非常多的，毫无疑问，其中最著名的是鉴真。当时日本僧侣荣睿、普照于日本天平五年，即唐开元二十一年（公元733年），到中国留学。他们在中国留学十年，想早归故国；并有意请一些中国高僧去日本传法。他们将这个意愿向鉴真报告。鉴真遍询弟子，没有一个人愿意去，原因是"彼国太远，性命难存，沧海森漫，百无一至"。最后鉴真决定自己去日本。中间经过许多波折，几次渡海失败，"去岸渐远，风急汝峻，水黑如墨，沸浪一透，如上高山，怒涛再至，似入深谷。人皆荒醉，但唱观音。""舟上无水，嚼米喉干。咽不入，吐不出；饮咸水，腹即胀。一生辛苦，何剧于此！"（淡海三船《唐大和上东征传》）虽然鉴真终于在唐天宝十二载（公元753年）达到了目的，到了日本。但是渡海时所遇到的艰辛，真可以同走"丝绸之路"渡流沙相伯仲。可见向东延伸的这一条海上的"丝绸之路"比起旱地上的"丝绸之路"来，并不见得更容易、更轻松。走这两条"丝绸之路"都是九死一生的。

可是中国的和尚和日本的和尚，并没有在困难面前低头。为了把佛教，其中也包括印度、中国和其他一些国家的文化，送到日本，取回日本，他们是什么艰险也不怕的。

日本是不是只是单纯的接受者呢？决不是的。日本人民是伟大的人民，从来就不是一个单纯的接受者，他们善于学习又善于创造。他们以自己的力量创造了灿烂的文明；日本的文明，也通过这一条海上的"丝绸之路"影响了中国和其他的国家。今天日本科学技术的高度发展，决不是偶然的现象，而是源远流长，有深厚的历史基础的。

一部人类的历史，世界上各个民族的历史都证明了一个真理：人类总是不断进步的。到了今天，创造出这样丰富多彩的文化，是世界上全体人民共同努力的结果，不是哪一个民族单独创造出来的。

专就中日两国人民的关系来说，从历史上一直到今天，我们总是互相了解，互相学习的。就以佛教艺术而论，形式上是从中国传到日本去的。但是根据我自己的理解，佛教艺术传到日本以后，日本人民已经在很多方面有了新的发展，注入了新的成分。我们两个民族互相了解、互相学习的情况，我们两国人民心里面都是一清二楚的。最近几年，我招待过很多日本文学、艺术、科学、教育、宗教界的著名人物，几乎每一位都流露出这种感情。我相信我们两国人民的传统友谊将会达到一个新的高峰。现在《中国石窟·敦煌莫高窟》的出版，也会给我们之间的友谊大厦，增砖添瓦，就让这一本中日友谊结晶的书，带着两国人民的长达几千年的友谊，去接受各国人民的欢迎吧！

中国的石窟寺

长广敏雄

开凿山崖营造石室（洞窟），其中安放宗教偶像，供僧众礼拜和修行，这样的神圣处所就是石窟寺。在亚洲，多山的印度是它的发源地。最早的石窟与佛教无关，这种非佛教的石窟在奥里萨邦至今仍完好地保存着，大小共三十五个，其年代则是从公元前二世纪，延续到公元一至二世纪。

在佛教发源地的印度，与营造上述非佛教石窟的同时，佛教石窟也在公元前二世纪开始营建，大部分开凿于西印度，特别是马哈拉施特拉邦的山中。早期佛教石窟相当于公元前二世纪至公元三世纪，最盛期则是在公元五世纪至八世纪。往往在一处山崖开凿几窟到十几窟，多则三十窟左右（其代表如阿旃陀，有二十九个窟），也有的超过百窟，如康希利石窟。

印度的石窟寺，自古以来就有两种类型。一类是支提窟（祠堂窟），以窣堵波（佛塔）作为礼拜的主体，雕凿在洞窟的后部。另一类是毗诃罗窟（僧院窟），备有僧众起居的住室，窟内中央辟为厅堂。后来又在窟室的后部另加安放佛像的佛堂，向着支提窟与毗诃罗窟相结合的形式发展。阿旃陀的第1窟是其明显的实例。这两类窟型，是古代印度佛教建筑的两种形制在石窟构造上的直接应用。在盛期（公元五至六世纪）的石窟寺里，不仅雕出佛像及浮雕，而且在窟壁和窟顶之间画满了华丽的壁画。

这些印度佛教石窟，由五、六世纪的鼎盛逐渐走向衰落，到八世纪告终。代替它的是源起于古代印度的印度教石窟寺，或者是新出现的耆那教石窟寺，八至十世纪的埃罗拉石窟是它们的代表作。

印度石窟寺的特色在于，在安排具有建筑意味的内部空间的同时，也保持了正面美丽的外观，因而可以将它们看作石构建筑物。在这一点上，同中国石窟寺前面设有砖筑（砖砌体，如伯子克里克石窟）或木结构建筑物的方式相比较，有着显著的差异。

佛教越过兴都库什山脉进入中亚，并逐渐东移，于一至二世纪左右传到中国。在兴都库什山的南侧，可以远远看到有53米和25米高大石佛的巴米羊（阿富汗境内）石窟群。由帕米尔高原往东，塔克拉玛干大沙漠之北，处在天山南路（今日新疆维吾尔自治区拜城县、库车县之间）的绿洲城镇克孜尔附近，保存着数处大石窟群。克孜尔石窟总数236个（参阅《文物》一九七七年第二期），据说其中有75个洞窟保存良好。关于克孜尔石窟的开凿年代，今天尚难确知；但可估计，它在伊斯兰教"统治"该地区时起，即已衰落。

正如前述，印度佛教石窟始创于公元前二世纪。佛教较早传到中亚，在丝绸之路的各处绿洲建立起佛教寺院；模仿印度构筑形式的石窟寺，也有可能在早期就已经开始营造。可以这样认为，天山南麓，特别是古来称作银山，相当于北纬42度、东经88度的山系以西的地方，从公元三至四世纪，佛教文化已经在那里扎下了根。二十世纪初，德国著名的佛教美术史学者Ａ·格林维德尔和Ａ·封·勒柯克及其后继者Ｅ·瓦尔德施米特在他们详细的报告中，推断克孜尔石窟群的开创年代为公元500年前后，并认为它是对于犍陀罗佛教美术的继承，而且受到印度佛教美术的强烈影响。可是，对那种不考虑中国古文献或其他资料而推断的年代，当然是需要加以更正的。报告中还指出，除克孜尔石窟群之外，在库木吐喇千佛洞和森木塞姆、马扎伯哈、克孜喀拉罕等地，还分别保存有72个和52个、34个、46个洞窟。从洞窟数量看，克孜尔显然是丝绸之路上佛教石窟最为兴盛的地方。到了八世纪，唐风壁画西传，西域画风曾一度销声匿迹，这也是不容忽略的。

克孜尔和库木吐喇石窟的石质均属砾岩，不适宜雕凿佛像。这种情况与中亚几乎是相同的。在制作佛像时，一般不用石料和木材，而代之以加绘彩色的泥塑（stucco）。这是因为从犍陀罗后期开始，制作塑像的技术推广到了中亚，于是在这里生根、发芽。用壁画装饰石窟是贵霜王朝和印度的传统，就近还继承了巴米羊的式样。

支提窟及毗诃罗窟的窟型中亚化了，既以覆钵形代替了塔式，窟内凿成中心方柱，方柱正面安置本尊的塑像，僧众绕方柱右旋，进行礼拜活动。据最近的报告（《文物》一九六二年第七、八期）称，在克孜尔第47窟中发现了高达16米的大佛塑像的遗痕，引起人们的惊异，可以想象得到它与巴米羊大佛像的关系。

新疆维吾尔自治区的石窟群，只限于大沙漠的北侧。银山山系以东的吐鲁番地区，也就是中国历史上有名的高昌国文化范围内，有伯子克里克石窟群，总共造窟57个。从六世纪末至七世纪初开始，兴盛期是在游牧的维吾尔族南下后的高昌维吾尔时代（九世纪中叶至十三世纪中叶），按中国的历史分期，相当于晚唐至宋代。它是塔克拉玛干大沙漠中绿洲城石窟寺最后的精华。

佛教文化越过塔克拉玛干大沙漠，进一步逐渐东进的时候，敦煌正好是进入古代中国中原腹地的门户。敦煌（甘肃省），共有洞窟 492 个。据记载，中国最早的佛教石窟寺就是在这里开凿的，那就是公元 366 年的乐僔窟（现已失存）。继其后的，是据传北凉王沮渠蒙逊创建的凉州石窟，可能指的是河西走廊上张掖附近的马蹄寺石窟群，特别是其中的金塔寺窟，也可能指的是酒泉附近的文殊山石窟群。同样，在河西走廊武威附近的天梯山石窟中也有早期的洞窟。距兰州不远的永靖县炳灵寺石窟群，具有所谓利用天然洞穴的特征。在其第 169 窟的壁面上，发现了包括西秦"建弘元年"（公元 420 年）年号在内的墨书题记。它是迄今为止中国石窟中已发现的最早的墨书题记。此外，在甘肃省东南端天水县境内有麦积山石窟，其精美的塑像和壁画更使人为之瞠目。公元五世纪的头二十五年中，高僧昙弘和玄高曾经在该胜地隐居，可见于记载。

有关甘肃省诸石窟的新内容，是近三十年中国各调查队的辉煌成果。以敦煌为西端的河西走廊，从五世纪初依次建造的早期石窟中，小型"禅定窟"颇引人注目。这样选择在深山豀谷面临溪流造窟禅居，可能是僧众们为了摆脱那时当权者的管辖而为，与印度毗诃罗僧众所采取的情趣全然不同。至于这是否与中国传统的神仙思想有关，尚待今后去探讨。

另一方面，以彩塑和壁画构成石窟的西域方式（以克孜尔为典型），亦是甘肃省各石窟群的共同特点。这从沿丝绸之路由西而东的佛教文化潮流来说，是理所当然的现象。然而，汉帝国自公元前一世纪初，已在河西走廊设置四郡，汉魏文化向西传播到了敦煌。因此，西域式的石窟寺中还掺杂进来了汉魏传统文化的各种因素，也是不应忽视的。

更加复杂的是四世纪以后的政治、社会事件，即经历了北方民族的入侵，五胡十六国及北魏、东魏、西魏、北周、北齐各代（大致到公元580年为止），形成复杂多变的社会、文化形态；这一基础，当然会对石窟寺的营造产生相当的影响。

在黄河以东的中国内地，有许多石质适宜于雕刻的山崖，被各石窟寺利用来进行营造。陕西、河南、河北、山东各省有石灰岩或凝灰岩，山西省是砂岩，四川省则属于红砂岩。最初，在佛教东传以前，曾用坚硬的石质制造了石阙、石碑和画像石等。那些汉魏的石作艺术，数量很大，形式多样，雕刻技艺堪称精湛。由于有这样的传统，所以在陕西省以东的中国北方石窟寺中，即便也有着典型的塑像，但石窟寺的主体毕竟是石雕的尊像，而塑造的佛像则大都安置在地面上并非石窟的寺院中。

早期石窟寺的石雕，最好的实例总得数云冈石窟吧。

山西省大同云冈石窟开创于公元460年，出现了雕造高达13—16米大石佛的尊像窟，连同小窟龛共约有洞窟一百个，都是明快的砂岩雕刻。云冈石窟初期大石佛的衣纹，明显地表现出敦煌早期塑像的余韵；所应用的石雕技法，则完全是

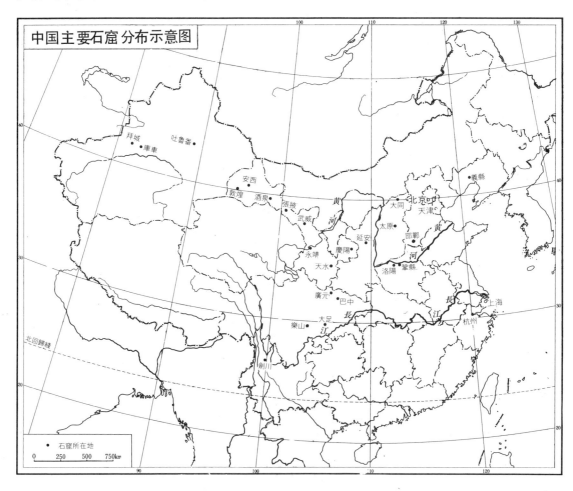

中国主要石窟 分布示意图

新疆维吾尔自治区		太原　天龙山石窟	（北齐—唐）
拜城　克孜尔千佛洞	（约五—八世纪）	**河南省**	
库车　库木吐喇千佛洞	（约六—十世纪）	洛阳　龙门石窟	（北魏—宋）
吐鲁番　伯子克里克石窟	（唐—元）	巩县　石窟寺	（东魏）
甘肃省		**河北省**	
敦煌　莫高窟	（北凉—元）	邯郸　响堂山石窟	（北齐—明）
安西　榆林窟	（唐—元）	**辽宁省**	
酒泉　文殊山石窟	（北魏—元）	义县　万佛堂	（北魏）
张掖　马蹄寺石窟	（北魏）	**四川省**	
武威　天梯山石窟	（北魏）	广元　皇泽寺、千佛崖	（唐—宋）
永靖　炳灵寺	（西秦—明）	巴中　南龛、水宁寺	（唐）
天水　麦积山石窟	（北魏—明）	大足　北山、宝顶山石窟	（唐—宋）
庆阳　北石窟寺	（北魏—唐）	乐山　凌云寺	（唐）
陕西省		**云南省**	
延安地区石窟	（北魏—明）	剑川　石钟山石窟	（南诏、大理）
山西省		**浙江省**	
大同　云冈石窟	（北魏）	杭州石窟	（五代—元）

来自如上所述的传统石刻。而且，在石雕的表面还涂上了青绿、朱红和浅绿色的淡彩。

除了尊像窟，还有西域传来的设置中心柱的塔庙窟，但西域色彩已经淡薄，出现了中国独有的仿木构多层塔形式的中心柱。

继云冈石窟之后营建洛阳（河南省）龙门石窟群。坚硬的石灰岩经过巧妙的处理，石雕技艺格外精致。此际正当佛教空前兴盛的北魏洛阳时代，佛教美术已完全中国化了。北魏以后的中国北方各地，都有开凿石窟的活动，诸如属于北魏的河南省巩县、辽宁省义县的石窟，属于北齐的河北省邯郸市郊南北响堂山石窟，属于北齐至隋唐的山西省天龙山石窟等。这些石窟佛像优秀的造型和幽玄的宗教意味，均应誉之为杰作，但到今天，多数已遭受半毁或全毁的厄运，令人惋惜。

中国的石窟寺，除南京市郊外的栖霞山石窟（南齐永明七年，即公元489年创建）外，长江沿岸及中国南部几乎全无石窟，只是在四川、云南、浙江省有可数的若干石窟，其余则都分布在中国的北方。这是因为，北部中国正好处在佛教沿丝绸之路东传的中央干线位置上，同时也是由于利用石质优良的山岩以发挥中国传统的石雕技术。中国北方的佛教文化有一定程度的发展，其原因也在于此。

中国石窟寺的发展，除敦煌和伯子克里克以及南方的一部分石窟外，大致在八世纪中叶便结束了它的兴盛期。龙门初唐（实际完成于公元675年）的奉先寺大卢舍那佛坐像及八世纪的龙门东山诸窟，或天龙山第14、18窟诸像，是唐代登峰造极的杰作。从整个发展史来看，与西域式形制的石窟寺最大不同点 是：（1）作为建筑物，结构上只保留了中心柱；（2）最早采用的是"禅定窟"的形式；（3）为了反映北魏及初唐帝王的权力，以大型佛龛安置大佛；（4）总起来看三壁三龛形式已很普遍。由于中国北方十分辽阔，因而发展的步调各异，像敦煌那样的边远地区，与中原各地石窟所存在的先后之差是理所当然的。

统观已历经千数百年的中国石窟寺现状，因受到自然风化、地震灾害和出自利己动机的可憎的人为破坏，保存情况并不良好。解放后，中国各部门作了许多努力，使修复工作取得了成果，这使人们深信，虽然完全恢复原状是 至 为 困 难的，但保护工作必定能获得成功。保护工作的根本目的是为了通过遗留下来的历史遗产，使人民认识自己的历史。保护工作应以调查为前提，首先必须确实了解各地各种类型石窟寺的现状。这套《中国石窟》丛书，是由日中两国研究人员共同担当编辑委员会的职责，并通过文物出版社与平凡社合作出版，需要克服重重困难，以期长期坚持出下去。其首要的目的，在于提高日中两国以至全世界人民对中国石窟寺这一光辉文化遗产的认识，还在于通过此举医治这一文化遗产的不幸伤痕，即期望它能促进修复工作的发展。

敦煌莫高窟·序

常书鸿

　　著名的敦煌石室宝库，是中古时代我国西北多民族地区文化艺术、语言文学、宗教思想的总汇。敦煌，《后汉书·郡国志》引《耆旧记》说它是"华戎所交，一都会也"，说明这个历史名城很早的时候就已是我国西北各族人民聚居、活动和交流的地方。汉武帝于元朔初年派张骞出使西域，积极开辟通向西方、驰名于世的丝绸之路。敦煌恰当这条道路的要冲。元鼎六年（公元前111年）设置了敦煌郡的建制，使它与东边的酒泉、张掖、武威相连成为河西四郡，这就进一步确立了它在历史上的重要地位。自公元一世纪佛教传入中国开始，在丝绸之路上，不知多少行脚僧留下了往来的足迹。敦煌是他们的必经之地。根据敦煌文物研究所藏武周圣历元年（公元698年）李怀让重修莫高窟佛龛碑记载，前秦建元二年（公元366年），乐僔和尚在敦煌的鸣沙山创建了莫高窟最早的洞窟。历时千数百年、奇迹般的敦煌佛教艺术创造即由此发端。

　　魏晋南北朝时期，是我历史上分裂割据、战乱频仍、充满痛苦和灾难的时期，同时也是民族大融合、中外经济文化广泛交流的时期。在那个时代里，在河西走廊一带建立地方政权的少数民族，带来了同中原农业地区迥异的风俗和文化，具有粗犷放达、亢爽明朗的特征。早期洞窟的壁画，如第272、275等窟，在土红地色上，用简练而质朴的笔触与强烈对比的色彩描绘出菩萨、飞天和本生故事画，其浑厚雄健的气魄跃然于画壁之中。我们仿佛听到那些游牧人伴和胡角和羌笛，声振大漠的歌唱。随着中国与印度、尼泊尔等地佛教徒的频繁往还，经书和图像粉本源源而来。就敦煌和新疆库车、吐鲁番等地发现的古代写经文书来看，除汉文外，还有西域大月氏、粟特、龟兹、回鹘以及西夏、蒙古、西藏等各种文字的传写。现存西晋元康六年（公元296年）由曾经在敦煌居住过的月氏菩萨竺法护所译述的《诸佛要集经》当时的写本，早过莫高窟始建约七十年之久，它那奇特挺拔的书法，诚如当时王珉在《行书状》中所形容，"邈乎嵩岱之峻极，烂若列宿之丽天。伟字挺特，书奇秀出，……虎踞凤跱，龙伸蠖屈。"若将这样的写经同稍后出现的敦煌北朝壁画及彩塑作比较，可以发现，它们的神韵和风采是何等地相似和一致。古代敦煌的画师和塑匠们既融合了我国西北各族人民的才智和创造力，同时亦受到来自印度、伊朗、希腊的宗教与艺术的启迪和刺激。他们勇于变革和创新，发挥了丰富的想象力和无比的热忱，从而使早期的莫高窟艺术，由彩塑到壁画，由佛、菩萨像到飞天、伎乐、供养人，由人物形象到故事情节，由线描、色彩到造型、构图，无不飞翔腾达，虎虎有生气。

莫高窟艺术的中心是人物，它以中古时代的宗教热情画人物、塑人物，诉说人物的故事，刻划出许多具有性格特征的人物形象；它手法细腻，十分注重整体效果，处处讲究意境和装饰美，从而富于浓郁的东方色彩。早期石窟多以千佛、说法、降魔、涅槃和本生故事为主，其故事情节大体采取横卷形式展开。隋唐时代，在石窟的布局上，插入了较大规模的经变画。有的本生故事改变为屏风或立轴的形式，同大幅大幅的经变画结合在一起。经变画里居中的是佛，密密匝匝地簇拥着众多的菩萨、弟子、天龙八部等。如果是西方净土变，则靠下还有乐队和舞蹈，宝池中有莲花化生，亭台楼阁之上妆点着彩云、天花和飞翔的香音神；佛像庄严、菩萨婀娜、护法威武、童子天真，宏大而完整的构图表现出一派富丽堂皇、华美隆盛的景象。这时，由于建立了统一的封建大帝国，我国南方和北方、中原和西域各有不同特点的艺术风格，外来影响和民族传统，都融合成一个统一的整体。早期那质胜于文的风貌和锋芒毕露的热情，变得圆润，变得含蓄，变得柔和，变得文雅；无论人物、山水、界画，皆走向成熟，进入了佛教艺术灿烂的鼎盛期。这以后，五代、宋、西夏、元各代，又在唐代艺术的传统之下加以延续和发展。现在保存着的四百九十二个洞窟、一千四百多身完整的塑像和四万五千平方米的壁画，都是出之于一千年间无数默默无闻的画工、塑匠们的辛勤劳动和了不起的创造。已故的郑振铎先生说得好："我们在这里可以看出，他们是多末勇敢，多末耐心，多末有气魄地表现着历代的社会生活，表现着形形式式的人间，表现着喜怒哀乐的面相，表现着历代的衣冠制度，表现着历代的舟车和耕种的方式"。莫高窟实在是无价的艺术宝藏！

艺术而外，公元1900年（清光绪二十六年）5月26日敦煌石室秘藏的发现，至今也已整整八十年了。从那时起，敦煌的文物逐渐受到全世界的广泛重视，引起研究的热潮。世界上出现了一种专门的学问，叫做"敦煌学"。与此同时，敦煌文物也受到严重的破坏和盗劫。

新中国成立后，完成了大规模的敦煌石窟维修工程，珍贵的艺术品受到良好的保护。敦煌文物研究所对敦煌文物进行了系统的整理和研究，并进行了大量的临摹复制工作。此外，使用科学的方法，借助现代的摄影技术和印刷技术，将幸存的文物编印成为精美的图录，是更久远地保存石窟文物必不可少的手段。值此举国奋力争取早日实现四个现代化，中日友谊不断增长的今天，中日两国学者和出版工作者合作编辑出版五卷本《中国石窟·敦煌莫高窟》，这是两国文化交流的一个新发展。我们通过整理印行东方艺术的这一菁华，以期有所贡献于世界。

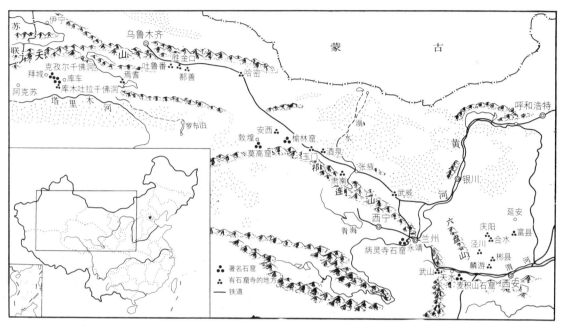

敦煌莫高窟位置图

1 莫高窟外景

4 第268窟 窟室内景 北凉

5 第268窟 窟顶平棊（部分） 北凉

6　第268窟　西壁　北凉

8 第272窟 北壁上层 飞天及千佛 北凉

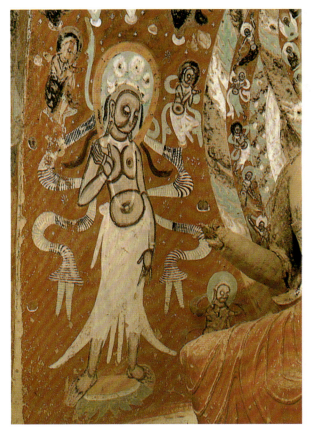

9 第272窟 西壁龛内南侧 胁侍菩萨 北凉

10 第272窟 西壁龛内北侧 胁侍菩萨 北凉

13　第275窟　北壁中層　毗楞竭梨王本生　北涼

14 第275窟 北壁中层 月光王本生 北凉

15 第275窟 南壁 北凉

16 第275窟 南壁中层 出游四门（部分） 北凉

18　第275窟　北壁上层　交脚菩萨像龛　北凉

19　第275窟　北壁上层　半跏菩萨像龛　北凉

21　第259窟　西壁龕外南側　菩薩　北魏

22　第259窟　西壁塔柱北向面　菩萨（部分）　北魏

23　第259窟　北壁　北魏

24　第259窟　北壁上层　半跏菩萨像龛　北魏

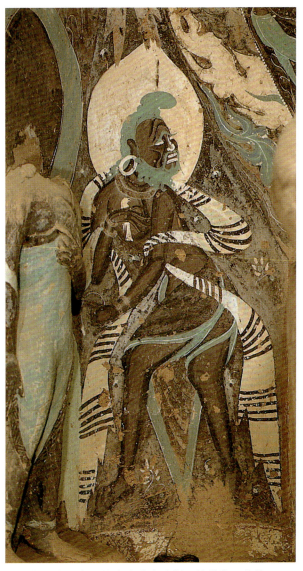

27　第254窟　中心柱东向龛内南侧　婆薮仙　北魏

◀ 26　第254窟　窟室内景　北魏

28　第254窟　中心柱东向龛内北侧　鹿头梵志　北魏

29 第254窟　中心柱东向龛下塔座　药叉　北魏

31　第254窟　北壁前部中层　难陀出家因缘　北魏

32　第254窟　北壁后部中层东端　尸毗王本生　北魏

34 第254窟　南壁前部上层　交脚菩萨像龛　北魏

35 第254窟 南壁前部中层 降魔变（部分） 北魏

36 第254窟 南壁后部中层东端 萨埵太子本生 北魏

37 第254窟 南壁后部中层东端 萨埵太子本生（部分） 北魏 ▶ 38 第257窟 窟室内景 北魏

39　第257窟　中心柱南向面上层　半跏菩萨像龛　北魏

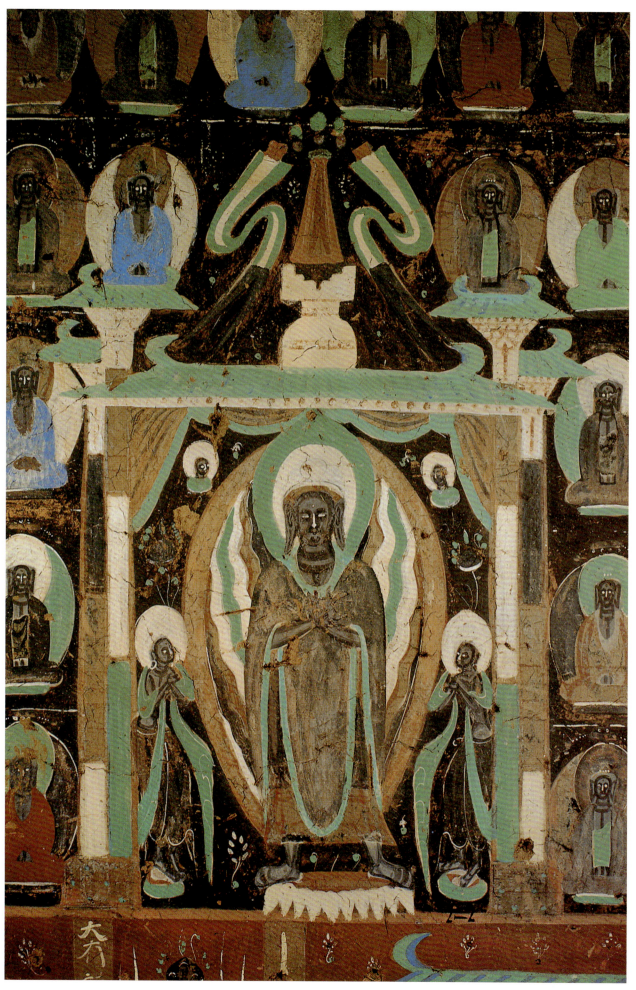

40 第257窟 南壁后部中央 佛一铺 北魏

41 第257窟 北壁前部 说法图（部分） 北魏

43 第257窟　南壁后部中层　沙弥守戒自杀缘品　北魏

44 第257窟　西壁中层　鹿王本生与须摩提女缘品之一　北魏

45 第257窟　北壁后部中层　须摩提女缘品之二　北魏

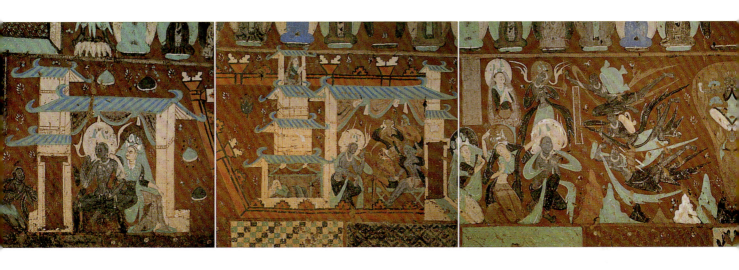

48　第251窟　北壁前部　说法图　北魏

49 第251窟 南壁上部 天宫伎乐及千佛 北魏

50 第251窟 南壁下部 药叉 北魏

51　第263窟　南壁前部　北魏

52　第263窟　北壁前部上层　佛龛　北魏

53 第263窟　北壁后部中层　说法图　北魏

54 第263窟　南壁后部中层　三身佛　北魏

56　第263窟　前部人字披顶　供养菩萨　北魏

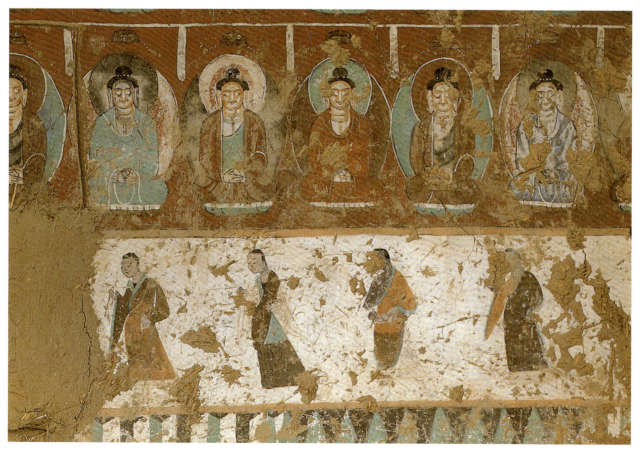

57　第263窟　东壁北侧　千佛及供养比丘　北魏

60 第260窟 北壁前部 说法图 北魏

61 第260窟 南壁前部 降魔変 北魏

64 第437窟 中心柱东向面龛上 飞天 北魏

65 第437窟 中心柱北向面上层 交脚菩萨像龛 北魏

68　第435窟　西壁中央　白衣佛　北魏

71 第435窟 前部人字披顶 北魏

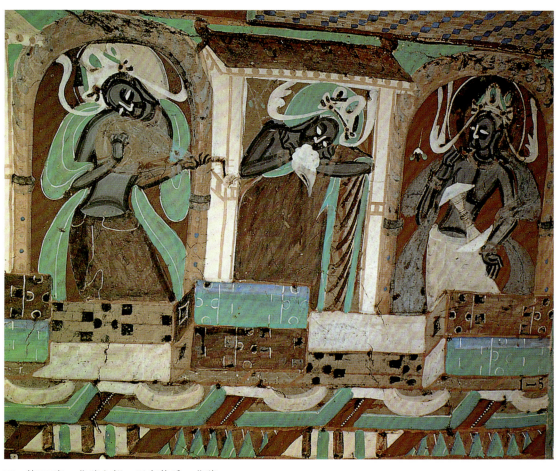

72 第435窟 北壁上部 天宫伎乐 北魏

73 第435窟　西壁上部　天宫伎乐及千佛　北魏

76 第431窟 前部人字披顶（部分） 北魏

77 第431窟 南壁前部 供养菩萨 北魏

81 第248窟 中心柱南向龛西侧 胁侍菩萨 北魏

82 第248窟 中心柱西向龛南侧 胁侍菩萨（部分） 北魏

▶ 84　第248窟　北壁前部　说法图　北魏

83　第248窟　中心柱东向面龛上　供养菩萨　北魏

85　第248窟　前部人字披顶（部分）　北魏

86　第248窟　南壁上部　天宫伎乐及千佛　北魏

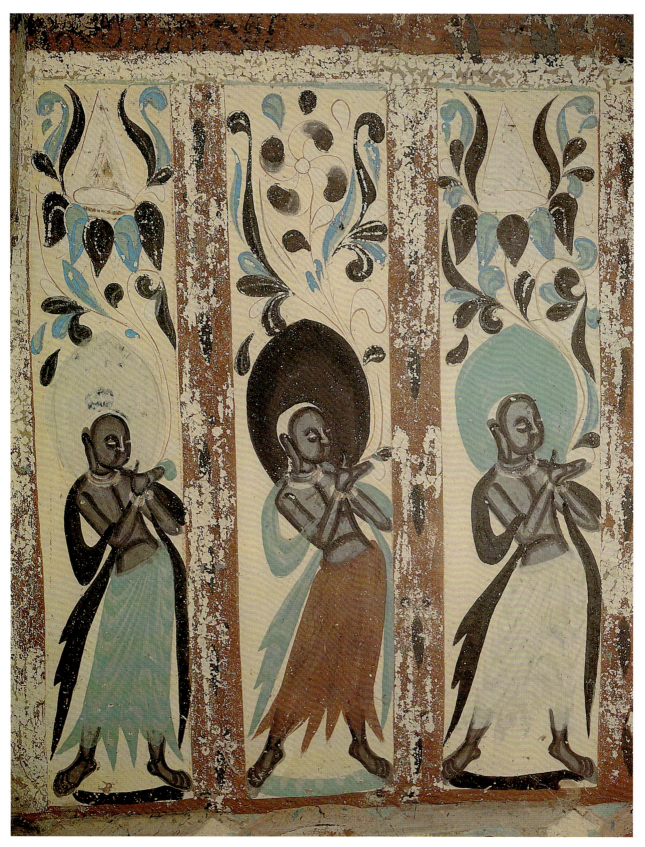

88 第355窟 西壁 坐佛 西魏

90　第249窟　西壁龛内南侧　供养菩萨　西魏

91　第249窟　西壁龛内北侧　供养菩萨及鹿头梵志　西魏

92 第249窟 西壁龛顶北侧 飞天 西魏

93　第249窟　南壁上部　天宫伎乐及千佛　西魏

94　第249窟　北壁下部　供养人及药叉　西魏

97 第249窟 窟顶西披 西魏

98 第249窟 窟顶北披 西魏

101　第249窟　窟顶　西魏

102　第249窟　窟顶北披　野猪　西魏

103　第249窟　窟顶北披　野牛　西魏

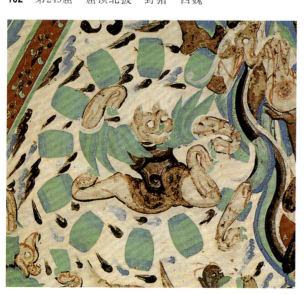

104　第249窟　窟顶西披　雷神　西魏

105　第249窟　窟顶西披　乌获　西魏

106　第249窟　窟顶南披　西王母　西魏

107　第249窟　窟顶北披　狩猎　西魏

110 第288窟 中心柱东向龛上部 西魏

111 第288窟 中心柱西向龛座下 药叉 西魏

112 第288窟 后部平棊顶（部分） 西魏

113 第288窟 东壁南侧 供养人 西魏

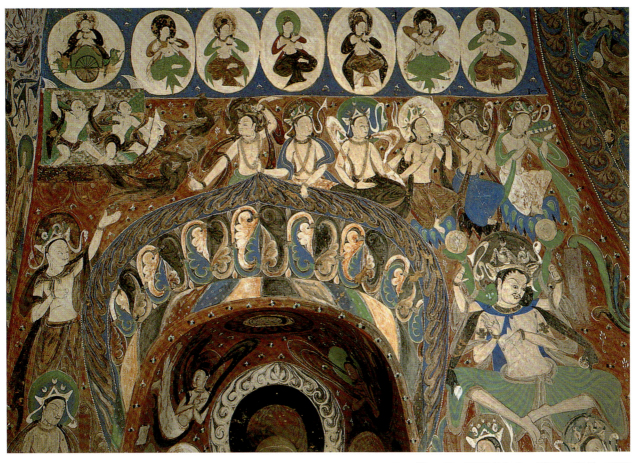

116 第285窟　西壁南龛上　诸天、菩萨　西魏

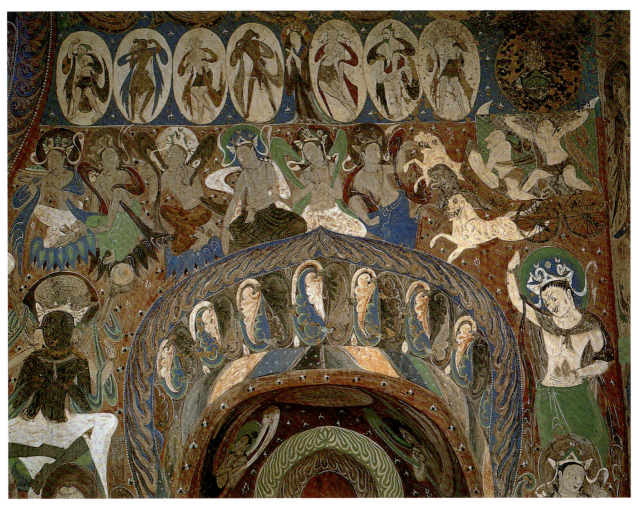

117 第285窟　西壁北龛上　诸天、外道　西魏

118　第285窟　西壁正龛南侧　诸天　西魏

120　第285窟　西壁南龕南側　婆藪仙　西魏

121　第285窟　西壁南龛内南侧　供养比丘　西魏

123 第285窟 北壁上层 二佛并坐像（七佛之七） 西魏

124 第285窟 北壁上层 说法图二铺（七佛之三、四） 西魏

125 第285窟 北壁上层 说法图二铺（七佛之五、六） 西魏

126 第285窟 北壁上层 说法图二铺（七佛之一、二） 西魏

127 第285窟 北壁东起第二禅室楣饰 西魏

128 第285窟 北壁上层 供养人与大统四年题记 西魏

129　第285窟　北壁东起第一、二禅室之间壁画　西魏

130 第285窟 南壁 西魏

131　第285窟　南壁上层　五百强盗成佛之一　西魏

132　第285窟　南壁上层　五百强盗成佛之二　西魏

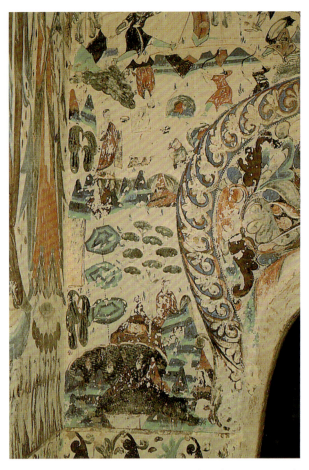

133　第285窟　南壁中层　沙弥守戒自杀缘品之一　西魏

134　第285窟　南壁中层　沙弥守戒自杀缘品之二　西魏

135　第285窟　南壁中层　沙弥守戒自杀缘品之三　西魏

136　第285窟　南壁中层　沙弥守戒自杀缘品之四　西魏

138 第285窟 南壁上层 飞天 西魏

139 第285窟 东壁 西魏

140　第285窟　窟顶西披　西魏

141　第285窟　窟顶北披　西魏

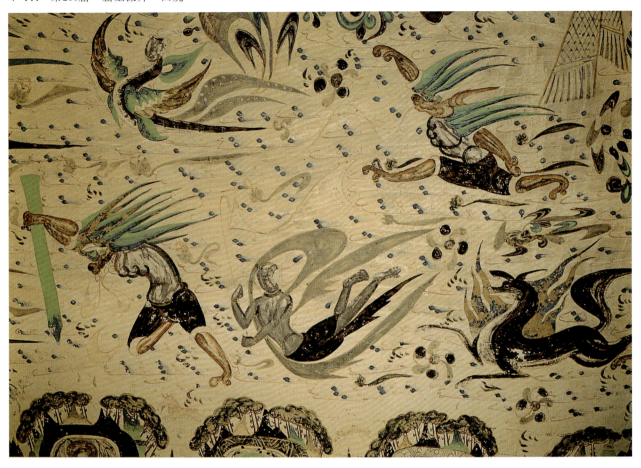

145　第285窟　窟顶北披（部分）　西魏

146　第285窟　窟顶北披下部　禅修　西魏

147 第285窟 窟顶东披 天鹅 西魏

148 第285窟 窟顶东披 射野牛 西魏

150 第432窟　中心柱北向面龛上　供养菩萨　西魏

151 第432窟　中心柱东向龛南侧　胁侍菩萨　西魏　　　　**152** 第432窟　中心柱北向龛东侧　胁侍菩萨　西魏

154 第461窟 窟顶（部分） 北周

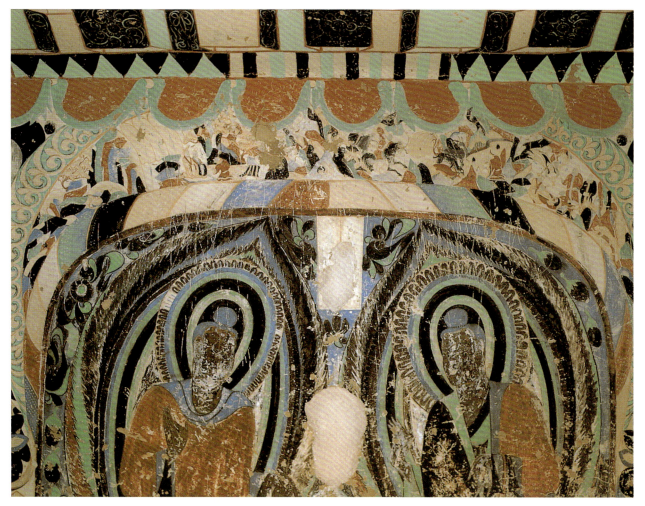

155 第461窟 西壁 二佛并坐像上部 北周

156　第438窟　西壁　北周

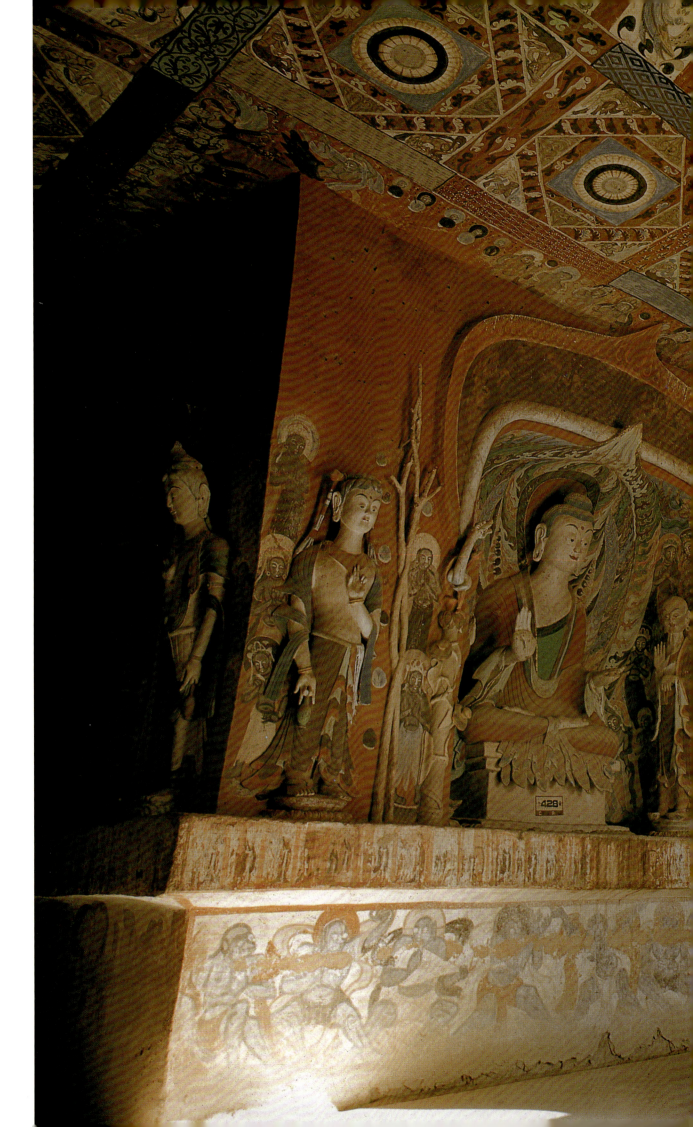

163　第428窟　北壁中層　降魔変　北周

164　第428窟　西壁中層　涅槃変　北周

166　第428窟　东壁北侧　须达拏太子本生　北周

167　第428窟　东壁北侧　须达拏太子本生（部分）　北周

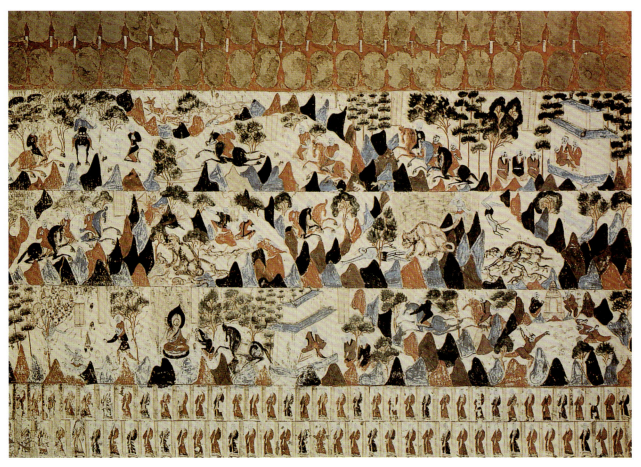

168　第428窟　东壁南侧　萨埵太子本生　北周

169　第428窟　东壁南侧　萨埵太子本生（部分）　北周

170 第428窟　后部平棊顶（部分）　北周

171 第428窟　中心柱北向龛坛沿　供养人　北周

172　第428窟　前部人字披顶（部分）　北周

173　第428窟　中心柱北向龛坛沿　供养人　北周

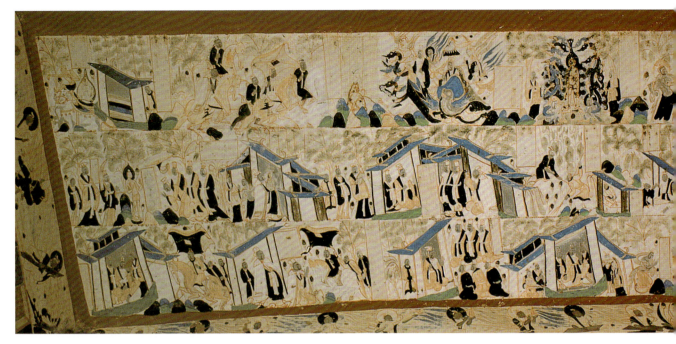

176 第290窟　人字披顶东披　佛传之一　北周

177 第290窟　人字披顶西披　佛传之二　北周

178 第290窟　中心柱东向面上方平棊顶　说法图与飞天　北周

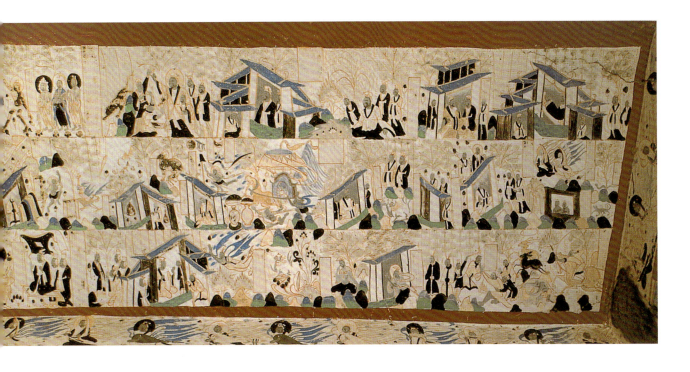

179 第290窟 中心柱北向龛内西侧 菩萨 北周

180 第290窟 中心柱西向龛坛沿 胡人驯马 北周

181 第290窟 南壁前部上层 说法图及飞天 北周

182 第290窟 南壁下层 供养人及药叉 北周

184 第296窟　窟顶　北周

185 第296窟　西壁　北周

186　第296窟　窟顶西披南段　善事太子入海品之一　北周

187　第296窟　窟顶北披西段　微妙比丘尼缘品之二　北周

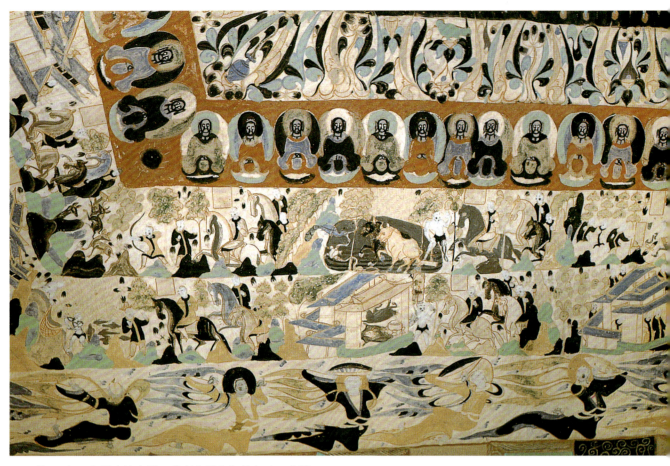

190 第296窟　窟顶南披东段　善事太子入海品之三　北周

191 第296窟　窟顶东披北段　善事太子入海品之五　北周

192　第296窟　窟顶南披西段　善事太子入海品之二　北周

193　第296窟　窟顶东披南段　善事太子入海品之四　北周

194 第296窟 北壁中层 须阇提本生 北周

195 第296窟 南壁中层 五百强盗成佛 北周

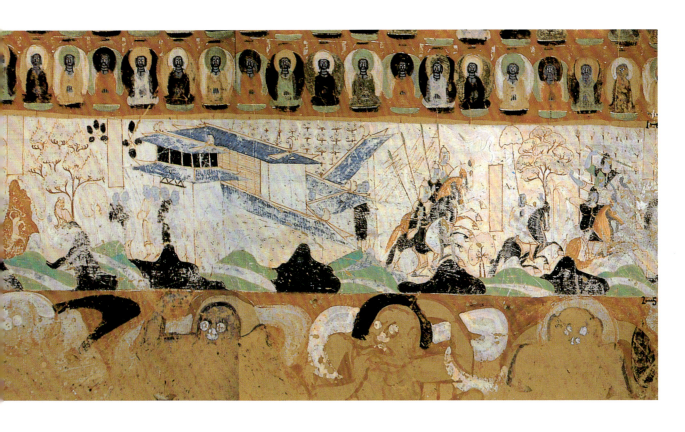

196　第299窟　窟顶北披　睒子本生（部分）　北周

197　第299窟　窟顶西披　睒子本生与萨埵太子本生（部分）　北周

早期的莫高窟艺术

段文杰

　　敦煌位于甘肃省的西部，从自然地理的位置上说，正处在河西走廊的西部尽头处。这里南接青海，西连新疆，自汉代以来一直就是中西交通的枢纽。今敦煌县城东南约十五公里，就是举世闻名的佛教艺术宝库莫高窟。

　　莫高窟开凿兴建的年代，不同的文献资料记载稍有出入①。目前多数学者所同意的一个结论是武周圣历元年（公元698年）李怀让《重修莫高窟佛龛碑》的记述：

　　　　"莫高窟者，厥前秦建元二年（公元366年），有沙门乐僔，戒行清虚，执心恬静，尝杖锡林野，行至此山，忽见金光，状有千佛，□□□□□，造窟一龛。次有法良禅师，从东届此，又与僔师窟侧，更即营建。伽蓝之起，滥觞于二僧。"

碑文又记：

　　　　"复有刺史建平公、东阳王等各修一大窟，而后合州黎庶，造作相仍，实神秀之幽岩，灵奇之净域也。……自秦建元二年，迄大周圣历之辰。乐僔法良发其宗，建平东阳弘其迹，推甲子四百五岁。计窟室一千余龛。"

乐僔、法良开窟以后，北魏晚期的瓜州刺史东阳王元荣和北周时期的建平公于义又继续提倡修建佛窟②，于是在这鸣沙山的石壁上，大大小小的佛窟乃不断涌现。此后，又历经隋、唐、宋、西夏而迄元代的继续修建，保存到今天的洞窟尚有四百九十二个。

　　现存最早的洞窟，其开凿的年代可以考见的大体上当在五世纪初的北凉。而从开窟以来直到隋代以前的全部洞窟，据敦煌文物研究所所作的排年，属十六国晚期北凉的有三窟，属北魏的有十二窟，属西魏的有七窟，属北周至隋初的有十四窟，总计三十六窟，前后历时约二百年。

　　下面就这一个时期的石窟情况，分洞窟形制、彩塑、壁画三个方面作一个综合的叙述。

一

　　敦煌现存早期洞窟的形制，大略可以分为三种类型。

　　第一种是僧房群形式的禅窟，特点是围绕着主室开凿有供僧人坐禅修行的小室。这类洞窟，只发现了三处，其中时代最早的是第268窟，其主室南北两侧的四个小禅室（过去编号时曾各立一号，为267、269、270、271；267至271共五个窟号，实际上是一个禅窟），其中每个禅室仅一米见方，只能容一僧在里面坐禅修行。主室纵长，在后壁上，开一大圆券龛，内塑善跏坐弥勒佛像。顶部一列斗四平棊。第二处是第487窟，是新清理出来的洞窟，其中的壁画和彩塑均已无存，但从它的形制来看应凿建于北魏时期。时代更晚并且保存相当完整的是第285窟，由于洞内保留有四方发愿文，纪年中有"大代大魏大统四年"（公元538年）

①　向达《莫高榆林二窟杂考》，《文物参考资料》第二卷 第五期（1951年）。另参见本卷年表。

②　此碑于清末残断，下半段今存敦煌文物研究所陈列室。北京大学图书馆藏有刘燕庭所保存的旧拓本。徐松《西域水道记》有此碑录文。

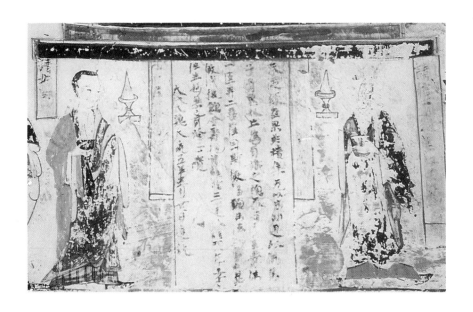

图 1 第285窟西魏大统五年题记

和"大代大魏大统五年"（公元539年）墨书题记（图1），故知该窟完成于西魏时期。该窟主室呈正方形，约六米余见方，窟顶凿成覆斗状，饰以华盖式藻井；后壁中间开一大龛，两侧各开一小龛；南北两壁各开四个方形的小禅室，都只能容纳一僧坐禅。这种类型的洞窟，与西域（我国新疆地区）诸石窟中的禅窟③相近。并且，在后壁凿佛龛，覆斗形顶饰藻井以及窟内壁画的内容、布局和风格等等，无不具有鲜明的民族色彩。

第二种类型是塔庙形式即中心柱式的石窟，它是敦煌北朝洞窟的主要类型。其特点是在主室后部凿建有中心塔柱，同时在塔柱前面的窟顶常凿建成人字披屋顶的形式，以第254、257、251、248等窟为较典型的代表。举北魏时期的第254窟为例，此窟在主室前面可能凿有前室，现因崖面崩塌而形制不清。现在的窟门上有明窗，以通光线。主室的平面呈纵长方形，中心塔柱立于室内后侧中心部位，在塔柱前面约占全室纵深三分之一的部分，顶部凿成人字披形状，并塑出半圆形的模仿木结构的椽子，檐枋两端有木质斗拱承托，完全模仿中原木构建筑的形式。方形的塔柱直通窟顶，下部凿出简单的塔座，上承塔身。在塔身的四面均开凿有佛龛，其中正面开一大龛，左右两侧和塔柱背面均开双层龛，上层为阙形龛，下层为圆券龛。此外，在人字披下面的南、北两侧壁上，各开有一个阙形龛。南、北两壁的西部，即塔柱左右甬道两外侧，都凿有一排并列的小佛龛。这种居中凿建塔柱的洞窟，可供僧人和信徒绕塔观像和供养礼拜。这一类型的洞窟，性质上与印度佛教石窟中的支提窟相似，但形式上不同。这种中心柱式窟，形成于西域的克孜尔等石窟，敦煌石窟直接接受了这种形式；而且仿木结构的人字披顶和阙形龛等，显示着敦煌石窟自己的特征。

第三种类型的石窟，是一种平面方形的覆斗状顶的洞窟，在后壁凿有较大的佛龛。例如第272、249、296等窟都属这一类型。其中时代较早的代表是北凉的第272窟，这是一个平面接近正方形的洞窟，在后壁开有一个大佛龛，它的顶部虽然已大体呈覆斗状，但是坡度较缓和，尚有穹窿形窟顶的余意。典型的覆斗状顶的洞窟，是西魏第249窟，洞窟的平面是进深稍长的方形，前壁现已崩毁，其余部份保存尚完好。在后壁居中开有大型佛龛，龛形是北朝诸窟中通行的圆券龛，龛内塑一铺坐

③ 新疆库车苏巴什雀离寺遗址的石窟中有同类型禅窟，见黄文弼《塔里木盆地考古记》第三章，科学出版社1958年版。

佛。龛外南、北侧各塑一尊菩萨立像。窟顶从四壁顶部向上斜收，聚向中心，最后结成方形的藻井，形似覆斗，顶心和四坡满绘壁画。这一类洞窟具有民族形式建筑特征④，对以后敦煌地区开凿的石窟影响较大，隋唐时期石窟大多继承了这一传统，成为以后各时期洞窟的基本形制。

二

莫高窟的造像和内地云冈石窟等处的造像不同。后者是依山石雕凿而成，或是摩崖刻石，但鸣沙山属于第四纪玉门系砾岩层⑤，质地疏松，不能用以作为雕凿的原料，所以莫高窟的佛像全部属于敷彩的泥塑。

早期的彩塑，有主体性的圆塑，也有附属性的影塑。主体性的圆塑塑造的大多是佛像，一般安放在洞窟中的显著地位上。塑像的种类比较简单，主要是佛和菩萨。早期最常见的为弥勒像，其他还有释迦多宝并坐像、说法像、禅定像、思维像，以及中心柱四面宣扬释迦生平事迹的苦修、成道等造像⑥。北魏时期的佛像，一般都有菩萨左右侍从，组成一佛二菩萨的标准形式。北周时期又出现了佛弟子阿难、迦叶，使一铺佛像多达五身。

这一时期多以交脚而坐的弥勒菩萨或弥勒佛为主像，一般都在中心柱或南北壁的上层阙形龛中，象征高居于"兜率天宫"之中。北凉第275窟是一座典型的弥勒窟，正壁主尊为一身大型弥勒菩萨，左右两壁一排小型龛中各塑一尊小型交脚弥勒或思惟菩萨。主像戴宝冠，披发，袒胸露臂，项饰璎珞，腰束羊肠裙，扬掌交脚坐双狮座，神态安静庄严。

根据鸠摩罗什译《弥勒下生经》，弥勒佛是"未来佛"，为人们希望之所寄。兜率天宫异常美好，人们只要虔诚信奉弥勒，忍辱苦修，来世就可以进入这极乐的境界里。苦修的一种重要形式是"禅定"，即所谓"思维修"，意思是澄心静虑，排除杂念，忘却世间的苦恼，使精神世界臻于空虚明彻之境。我们所看到的在圆券龛内结跏趺坐、双手重叠作"禅定印"的佛像以及身裹百衲衣、闭目沉思的禅僧像，几乎遍布于各窟，那都是为坐禅者提供的典范形象。值得提出的是北魏第263窟的禅定佛像，神态宁静冷漠，表现了禅定所要求的精神境界。此像原被西夏时加砌的墙壁所封闭，剥出后色彩如新，形象完好无缺。禅定像之最佳者，莫如第259窟北壁下层东侧龛，佛像结跏趺坐，两眼前视，但又似乎视而不见，听而不闻，嘴角上露出一丝发自内心深处的微笑，神情恬静和悦。这是禅定的另一种境界。

这一个时期的菩萨塑像出现得最多的是思惟像。这些菩萨和交脚弥勒一样高居于天阙，半跏坐，右足叠于左膝上，右手支颐，俯首下视，沉浸在冥思苦想之中。北魏第248窟的塑像都是未经后代改动的原作，可能因为出于模制，头像形体基本相似，经彩绘加工后而稍有差别。造型的共同特点是眉目娟秀，神情恬淡。白色的颜面在深色的冠帻和项光的衬托下，显出了"素面如玉"的莹润感。

出现在北周时期的阿难、迦叶像是一对具有鲜明性格特征的塑像。雕塑家根据佛经中有关这两位大弟子的记载，塑造了从外部特征到精神世界显然不同的两个人物。阿难类似汉族青年贵族子弟，聪俊而潇洒；迦叶则状似"胡人"，高鼻深目，双眉紧锁，反映了一个饱历风霜的智者正在沉思的一刹那。

④ 敦煌文物研究所考古组《敦煌晋墓》，《考古》一九七四年第三期。

⑤ 《敦煌石窟勘察报告》，《文物参考资料》一九五五年第二期。

⑥ 释迦成道过程中的相状，据《大乘起信论》（《大正藏》卷32，p.581），从兜率天降下，经入胎、住胎、出胎、出家、成道、转法轮，入于涅槃，共为八相。另，天台大师智𫖮《四教仪》（《大正藏》卷46，p.745）去住胎，加降魔于出家之后，亦为八相。苦修、成道等像，俱属八相。

图 2　第 297 窟龛楣影塑羽人

影塑主要附着在中心柱的四面，内容有千佛、供养菩萨、飞天和化生。龛楣和龛柱上的装饰还有交龙羽人、飞天、饕餮、龙头、凤首等。第297窟龛楣上的羽人像（图2），头生双角，臂有羽，鸟爪，一脚跨于龙背，这与汉晋以来墓室中属于神仙方士系统的羽人乘龙形象有着明显的渊源关系。第432窟的影塑飞天，面容清瘦，高髻微侧，宽衣长裙，挥袖而舞，是现存早期飞天的精品。这些附属性的影塑，形象小而数量多，它们和主体的佛、菩萨塑像的配置一般都能做到统一和谐，对主体塑像起到陪衬和烘托的作用。

这一时期的塑像，从人物造型、衣冠服饰到艺术风格，都有比较明显的演变。北魏孝文帝太和改制可以看成发展中的一条分界线。改制以前的塑像，人物面相丰圆或丰满而略长，鼻梁隆起直通额际，眉长眼鼓，肩宽胸平，姿势比较单调，或直立，或端坐，缺少动态。佛像穿右袒式或通肩式赤布僧伽黎（红色大衣），密集的装饰性衣纹，随身圆转，给人以薄纱透体之感。这就是所谓"曹衣出水"的手法。菩萨则高髻，戴宝冠，发披两肩，上身半裸或斜挎"天衣"，腰束羊肠裙。塑像体态健硕，神情端庄，色彩明快，艺术风格趋向简朴厚重。总结这些特点，可以看到当时的佛教艺术虽然在相当程度上还保留了外来的原始面貌，但毕竟已经生长在中国的土壤里，已经开始了中国化的进程。

北魏孝文帝太和改制，特别是太和十八年革衣服之制，不仅带来了汉式衣冠，而且带来了汉族士大夫阶层的美学理想。智慧的内心和脱俗的风度表现于造型艺术上，形成了所谓"秀骨清像"这一特征。在北魏东阳王元荣出任瓜州刺史前后，特别是西魏时代，塑像中面貌清瘦、眉目疏朗、身体扁平、脖项细长的形象蔚为风气。在服饰上的变化也很明显，佛像内穿交领襦，胸前束带作小结，外套对襟式袈裟；菩萨像中仍有上身半裸、腰围长裙的形象，但是大冠高履、褒衣博带的形象也已经出现。总的说，太和改制以后的塑像，表现的手法逐渐丰富，性格的类型化逐渐明显，如佛的庄严慈祥、菩萨的清秀恬淡、天王的庄严威武、力士的威猛粗犷，等等。从形象上可以清楚地看到当时风靡于士大夫阶层中间的通脱潇洒的风貌。

北周时期，塑像的造型发生了新的变化，头大、体壮、脸方等隋代彩塑风格的轮廓，开始逐渐形成，并显现出来。

三

北凉至北周时期的石窟壁画，大体上都有一个整体布局。一般来说，四壁中层画佛像和情节性的故事画，这是壁画的主体；其下画小身供养人行列和药叉；墙壁上方画天宫伎乐。壁面中部的空隙处则满布千佛。窟顶画装饰性图案和平棊藻井。

根据壁画的性质来区分，可以分为五类，即佛像画、故事画、民族的传统题材、供养人像、装饰图案。下面分别就这五类壁画作简要的介绍。

一、佛像画

主要是以佛为主体的说法图。这一时期的洞窟一般都有这一类图像，有的绘三世佛或三身佛，有的绘佛在不同地点、时间向不同对象说法的形象。例如北魏第263窟北壁的大幅壁画，中心为佛像，四周环绕着舞姿优美的菩萨，上有飞天散花。佛座下有法轮，轮下对卧双鹿。故事内容清楚地表明了这是佛在得道以后第一次说法的形象，即佛经中所谓"鹿野苑初转法轮"。西魏第249窟的说法图与此略有不同，佛像庄严肃立，手印似为"转法轮印"，上有双龙华盖，下有宝池莲花。这里值得注意的是显现了西方净土的意境，所以在艺术上不妨把它看成净土变的雏形。

在佛的侍从队伍里，伎乐天的画面最富生活气息。他们被安置在四壁上端的天宫楼阁里，露半身，演奏各种乐器和表演各种舞蹈。飞天是敦煌艺术中人们最熟悉的艺术形象。这些飞天翔舞在藻井的周围、平棊的岔角和佛像的上方，呈现了千姿百态，有的上升，有的下降，有的手捧莲花、双脚反垂在头上，有的前呼后应，扬手散花，颇有"漫漫雨花落"[7]的情趣（图3）。到了西魏和北周时代，伎乐天也从楼阁中飞腾而出，在雕栏碧空之间连袂而舞，汇成了浩浩荡荡的飞天行列。

菩萨也是引人注目的形象，胁侍或供养于佛的左右，形成变化多样的组合，有时又同佛塑像一起，配置在龛内两侧。金刚力士（药叉）是敦煌早期很有特点的形象。他们本是佛教的护法神，画在四壁和中心柱下部，环绕一周，体现回护的意思。这些力士粗壮孔武，但又稚拙可喜，经常成群结队，以乐舞的姿态出现，像是些富有喜剧性的人物。

图 3　第249窟北壁说法图中飞天

二、故事画

这一类壁画是这一时期壁画中最重要的一类，现存约二十种，近三十幅。故事画又可以分为三类。

第一类是宣扬释迦牟尼生平事迹的佛传故事。这一题材在早期壁画中几乎每个洞窟中都有出现，一般为四相、八相。北周第428窟则约为十二幅图象。北周第290窟的佛传故事，并列六长条，用顺序式的横卷描绘了从诞生到出家之间的主要情节，全部图象约近八十个画面。新疆克孜尔第110窟（阶梯洞）的佛传故事壁画有六十幅，但大多已被盗劫。第290窟的这一长篇巨制，规模最大，内容最丰富，是我国现存唯一的佛传连环故事画。

第二类是宣扬释迦牟尼降生以前各个世代教化众生，普行六度事迹的本生故事，主要内容有月光王施头、尸毗王割肉喂鹰、睒摩迦忠君孝亲、须达拏布施济众、毗楞竭梨王身钉千钉等十余种。

用不着多加分析，单从这些标题来看，这些故事内容大意已经清楚。各种不同的情节归结到一个共同点上，就是宣扬无限止的屈辱和自我牺牲。它所反映的是宗教的教义，也是人间的现实苦难。当时的北部中国，处在落后的生产方式的统治之下，各个少数民族政权更相迭代，战乱频仍，广大人民的生活里充满了残酷、恐怖和伤惨。在艺术里出现那么多的割肉、挖眼、身钉千钉等等悲惨到不近人情的形象，而且作了道德上的肯定，这正是它服务于封建社会统治集团的活生生的说明。

北凉第275窟月光王施头是敦煌壁画中最早的本生故事，画面结构简单，只画出了月光王向外道劳度叉献头的一个场面。北魏第254窟的摩诃萨埵舍身饲虎故事，表现手法上就有了进展，不仅画面情节复杂，而且为饿虎所撕咬的萨埵面色如生，宁静如同熟睡，仿佛一切的残忍都已经消失在自我牺牲的崇高精神之中。北魏第257窟九色鹿救溺人故事以传统的横卷形式描绘了六个场面，其中溺人告发一场中的王后，是艺术家精心刻画的一个反面形象。她侧身偎倚在国王身边，一边转头斜视

⑦　李白《登瓦官阁》诗，王琦注，《李太白全集》卷二十一（中华书局1977年版）。

溺人，一边把右臂撒娇似搭在国王肩膀上。翘起的食指，似乎在下意识地扣打。曳地的长裙下面露出一只光脚，脚趾好像也在不自觉地晃动。这些具有特征感的细节描写把她当时要求国王为她捕捉九色鹿的内心活动作了细腻的展示。

第三类是宣扬度化事迹的因缘故事，主要内容有须摩提女请佛、微妙比丘尼献身说法、五百强盗皈依佛法、善事太子入海求珠、难陀被迫出家、沙弥守戒自杀等六、七种。

须摩提女请佛故事描绘释迦牟尼以法力征服六千外道，以突出佛教唯我独尊的正统地位。这一内容的壁画在新疆石窟中多见，莫高窟则仅仅见于北魏第257窟一处。北周第296窟微妙比丘尼献身说法，原来内容不明，1965年复查洞窟内容时才确定为《贤愚经》卷三中所记的这一故事。这是我国石窟中唯一反映这一内容的壁画，一共描写了二十二个场面，采用了犬牙交错的方式，完整地表现了微妙家破人亡，走投无路，两次被活埋，三次被迫改嫁的悲惨遭遇。透过因果报应的宗教折光，使人清楚地看到了当时妇女身受的种种苦难。

得眼林（五百强盗成佛）故事⑧ 见于西魏第285窟和北周第296窟。五百名强盗和官军对抗，失败被俘，受到了割鼻、挖眼等酷刑，逐放于山林之中。佛以神力使他们的盲目复明，强盗们乃幡然悔悟，出家为僧。当时农民起义风起云涌，一向比较平静的河西地区受到剧烈的震动。这些鲜血淋漓的画面，反映了统治者在军队和刑法以外同时又向佛法求助，希望"四方附化，恶贼退散"，以保障自身的安宁。

见于北魏第257窟和西魏第285窟的沙弥守戒自杀故事，描绘一个沙弥严守戒律，拒绝一位少女的爱情，竟然自刎以明心迹。当时的僧尼污滥成风，史书上不乏记载，大名鼎鼎的鸠摩罗什在长安蓄养十几名妓女，其事就见于《高僧传》。被沮渠蒙逊称为"圣人"的昙无谶，在凉州给妇女传授生子术，《北史》上也有记载。这种情形自然有损于佛教的声誉。为了教育那些不守清规戒律的僧尼，有必要树立一些正面榜样，沙弥守戒自杀的壁画就是在这种背景之下产生的。

还需要提到的是北周第296窟的福田经变。这一铺壁画的内容很难列入以上所述各类。根据《佛说诸德福田经》中叙述，释迦牟尼在回答天帝释的问题时说，"广施七法"就等于在良田种福，可以收获无量。所谓"七法"就是作出七种施舍，以供奉僧人和便利百姓。第296窟的壁画分上下两层，表现了"七法"中的五个场面：立佛图，建堂阁；植果园，施清凉；施医药；旷路作井；架设桥梁，过渡羸弱。

这铺经变画之所以具有重要的价值，在于直接地描绘了现实中某些劳动和生活场景。人们可以看到，赤裸上身的泥瓦工在建造两层砖塔（图4），在装饰堂阁。还可以看到，"丝绸之路"上商旅往来。中原商队赶着毛驴，驮着货物，走上桥头；西域胡商牵着骆驼，等待过渡。这与当时"商胡贩客，填委于旗亭"（《北周书·异域传》）所记的情况是一致的。由此联想到北周第294窟中胡商的供养题记及画像，更使人感到壁画的生趣。

北朝时期佛教的糜滥和僧尼的猥杂，使一些教徒产生了"末世"、"末法"之感，由此产生了以信行为代表的"三阶教"⑨，企图对佛教进行改革，以解决这种内在的危机。北周福田经变的开始出现，说明中原的"三阶教"对于河西的影响。

⑧ 唐玄奘《大唐西域记》卷六.《大般涅槃经》卷十六（《大正藏》卷12，p.458）.

⑨ 矢吹慶輝《三階教の研究》（岩波書店，1927年）.

图 4 第296窟窟顶北披福田经变
（部分）

三、民族传统题材

这一类绘画以中国传统的神话或神仙为题材，和前面两类显然出于不同的来源。它们主要集中在西魏第249、285两窟的顶部。在覆斗形窟顶的中心画方井，四面斜坡上部画云气以示天，下部画山林野兽以表地，形成一个具有宇宙空间感的画面。

第249窟南顶画三凤驾车，车中坐一女神，高髻大袖长袍，即西王母；北顶画四龙驾车，车中坐一男神，笼冠大袖长袍，即东王公。两者遥相对称。车前有扬幡持节的方士导引，车旁有腾跃的鲸鲵文鳐护卫，车后尾随着人头龙身的"开明"神兽，形成了庄严烜赫的行进行列。

第285窟东顶画伏羲女娲南北相对（图5）。两人均为人首蛇身双足，头束发髻，着交领大袖襦，胸前画日月，肩披长巾。伏羲一手持规，一手持墨斗；女娲两手擎规，双袖飘举。传统的四神，除青龙以外，其他都已出现在画面上。此处还有雷公（图6）、礔电、飞廉、雨师等古代神话中的自然神，以及人头鸟身的禺强，兽头人身的乌获等等，上下翻飞，翱翔于彩云之间。顶部下方的一周，则绘有山峦树木和各种动物，象征着地上人间的活动。

这种类型的壁画，其出现的时间可以上溯到战国后期。《楚辞·天问》王逸注[⑩]中就提到屈原所见楚国祠庙中"图画山川神灵，琦玮僪佹，及古贤圣怪物行事"。王延寿的《鲁灵光殿赋》[⑪]中也有类似的记载。这些壁画虽已随着古代建筑的毁灭而无从目睹，但近年来的墓葬发掘却使我们看到了许多类似的形象：马王堆西汉帛画中的各种神怪，洛阳西汉卜千秋墓[⑫]中的伏羲、女娲，东汉画像砖画像石上的东王公、西王母，

⑩ 朱熹《楚辞集注》卷三（上海古籍出版社1979年版）。

⑪ 萧统编《文选》卷十一（中华书局1977年版）。

⑫ 洛阳博物馆《洛阳西汉卜千秋壁画墓发掘简报》，孙作云《洛阳西汉卜千秋墓壁画考释》，《文物》一九七七年第六期。

图 5 莫高窟第285窟壁画伏羲、女娲（西魏）

179

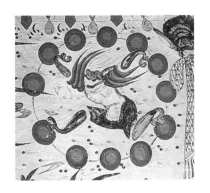

图 6　第285窟窟顶西披雷神

河西走廊魏晋墓壁画中的四神等（图7）。特别是近年在酒泉丁家闸发现的十六国壁画墓，顶部呈覆斗形，中央为展瓣莲花藻井，东西顶画东王公西王母，南北顶画神兽羽人，顶的下方一周画山林野兽。墓室顶部的建筑形制，壁画的内容、布局和表现方法，和上述第249、285两窟的顶部均十分近似⑬。

这类传统神话题材，从祠堂、宫殿而进入坟墓和石窟，已经失去了神话的原始意义而成为保护死者安宁或引导灵魂升天的仙人、神异。于是，在北周第290窟佛传图中的丧车上就出现了乘凤持节的方士。第249窟西顶则画有赤身四目、手擎日月的阿修罗王，他的身后是切利天宫。这种把道家和佛教的内容融为一体的壁画，正反映了魏、晋以来佛教逐

图 7　嘉峪关新城11号墓棺盖画伏羲、女娲（魏晋）

渐和道家、儒家思想融合而"中国化"的一个侧面。

四、供养人像

供养人像一般画在壁面的下方，排列成行，少则十数、数十身，最多的第428窟达一千二百身。每一身像旁均有榜题书写本人姓名，有的还署明职衔籍贯。

按理说，供养人像应当是真人的肖像。但是这类宗教"功德像"往往是大批制作的，画师自然无法以特定的个人为蓝本，只能采取程式化和类型化的办法以表现其民族特征、等级身分和虔诚的宗教热忱，不能脱去千人一面的倾向。

在供养人的行列中，僧侣必居其首，从而显示宗教地位的崇高。王公贵族像用显著的地位和笔墨加以突出。西魏第288窟两幅供养人像是这一类人像的典型例子。男像头戴笼冠，身穿大袖长袍，足登笏头履，后有侍者张障伞盖，僮仆簇拥。女像头束高髻，穿大袖襦，间色长裙，前有侍婢捧持鲜花，后有侍婢持障扇以蔽风日。这两身画像的榜题均已消失，但从画面来看，一望而知其为豪门贵族。

西魏第285窟有许多少数民族形象，戴毡帽，穿裤褶，腰束鞢韀带，挂水壶、小刀等生活用具，形象虽小，表情动态却饶有风趣。榜题上有滑黑奴、殷安归、史崇姬、在和、难当、乾归等姓名，大约多为北方少数民族人物。脑后垂小辫者，则为鲜卑族，史称索头鲜卑。

北周时代的供养人画像较之前代更为丰富多样。第297窟里出现了舞乐图（图8），画一群人在树荫下弹琴歌舞。乐器有琵琶、箜篌、笙，舞伎二人腾踏舞蹈。从乐器到舞姿都可以看出它是当时流行于河西的胡乐。这些歌舞伎自然不能属于供养人之列，而只是施主媚佛的"供品"。

值得注意的是北周第290窟的胡人驯马像。所绘胡人高鼻大耳，一

⑬　甘肃省博物馆《酒泉、嘉峪关晋墓的发掘》，张朋川《酒泉丁家闸古墓壁画艺术》，《文物》一九七九年第六期。

手持缰，一手扬鞭，两眼盯着所驯的骏马。这匹马虽然桀傲，但是在这位富有经验的驭者面前，却显出了畏惧退缩的神态。胡人的沉着勇敢，在这对比之中跃然壁上。

早期的供养人像作为一种艺术品，一般来说还不够精细，重要的倒是在于它的历史价值。有的题记为今天的研究工作提供了重要的线索。而且，由于它直接描绘了当时现实世界中的人物，其人物形象，特别是人像的衣冠服饰，都是研究者不可或缺的第一手形象资料。

五、装饰图案

平棊和藻井是古代建筑的顶部装饰。莫高窟现存时代最早的第268窟，顶部泥塑斗四平棊一排，和沂南汉墓石刻平棊的形制基本相同[14]，都是从木构建筑中脱胎而来的。北凉第272窟的藻井则是莫高窟现存的第一个斗四藻井。无论是平棊还是藻井的中心方井部分，都绘有一朵倒悬的大莲花，即所谓"反植荷蕖"[15]。

到了北魏晚期，藻井演化而为华盖形式。华盖是天子和王公大臣使用的"繖"。在汉代，这种仪仗就出现在画像里。西魏第285窟的藻井就是一顶典型的汉式华盖。除中心垂莲外，四边桁条上装饰着忍冬、云气、火焰、彩铃、垂幔等纹样，四角悬挂着兽面、玉佩、流苏、羽葆，这就是《东京赋》里所谓"树翠羽之高盖"[16]。

除了藻井和平棊之外，龛楣、边饰和椽间也有各种图案。构成图案的纹样有莲花纹、忍冬纹、云气纹、火焰纹、星象纹、棋格纹、鸟兽纹以及神怪、飞天等，其中最主要的是莲花和忍冬两种。

莲花纹是我国传统的装饰纹样之一，春秋时代的青铜莲鹤方壶[17]上出现了展瓣莲花，汉墓中有完整的莲花藻井[18]。在佛教艺术中，莲花为圣洁之物，有时亦作为净土的象征。莫高窟装饰图案中大量出现莲花纹，而且变形和赋彩越来越丰富，这是一种很自然的现象。

忍冬是一种植物变形纹样，洛阳卜千秋墓壁画的云彩中出现了最早的忍冬纹，武威汉墓出土的屏风也用忍冬纹作装饰。到了南北朝时代，这种纹样成了佛教石窟艺术中主要的装饰纹样之一。早期的莫高窟大量出现忍冬纹装饰，一直到唐初，才逐渐为新的纹样所代替。古代的艺术家们巧妙地运用反复、连续、对称均衡、多样统一、动静结合等形式美的规律把三瓣忍冬组成各式各样的边饰，还变化而为缠枝藤蔓、林木，甚至还和莲花，和鸟兽结合组成自由图案，作为伎乐、飞天的背景，生动无比。总之，把简单的题材，变化发展为丰富多彩的图案，并充分体

⑭　曾昭燏等《沂南古画像石墓发掘报告》，文化部文物管理局1956年版。
⑮　王延寿《鲁灵光殿赋》，见⑪。
⑯　萧统编《文选》卷三。
⑰　河南新郑一九二三年出土，现藏故宫博物院，见《中国古青铜器选》图56，文物出版社1976年版。
⑱　同⑭。

图 8　第297窟西壁龛下舞乐供养

图 9　新疆拜城克孜尔千佛洞第47窟壁画飞天

图10　莫高窟第272窟壁画飞天

现了传统装饰图案构图完整、形象精炼、主次分明、变形巧妙、赋彩明快等特色，使今天的装饰艺术家得以取资借鉴，古代艺术家在这方面作出的劳绩应该给予很高的评价。

四

敦煌莫高窟内容丰富，艺术精美，不愧是我国古代人民立足于民族艺术传统并吸收了外来艺术的有益成份而创建的一个伟大的艺术宝库。十六国北朝时期，莫高窟艺术尽管还未曾达于辉煌灿烂的成熟期，但那栩栩如生的形象和质朴、浑厚的风格仍然使千载而下的人们为之神往。

佛教艺术是一颗外来的种籽，植根于中国的土壤。在敦煌鸣沙山的断崖上，古代匠师没有流于简单的照搬与摹仿，而是由我国人民生活和民族文化传统的源泉中汲取了无限丰富的营养，从而使莫高窟这株奇葩自成长的早期就吐放出奇香异彩，具有独特的中国作风和中国气派。敦煌早期彩塑无疑是从源远流长的我国雕塑艺术传统中获得了坚实的造型基础，概括、含蓄，富于装饰性。塑像敷彩也是我国人民自古以来喜闻乐见的形式。敦煌早期壁画的基本造型手段，依然是我国传统绘画的线描，它从汉晋绘画的基础上发展而来。早期壁画一般都用粗壮有力的红线条勾出头面肢体轮廓，然后赋色。由于石窟壁画需要长时间供人瞻仰并通过艺术形象感染观众，要求比墓室壁画更为严整精致，所以它在上色完成之后，还得普遍描一次定形线，把人物形体和精神面貌充分显示出来。第272、263等窟的线描，是早期铁线的典型，准确有力，技巧纯熟。北朝晚期壁画中增加了动的意境，线描随之而产生了变化，形成蜿蜒曲折，顺势飞舞的长线条，通常用来画飘带，运笔之快，颇如"风趋电疾"[19]。随着"秀骨清像"[20]传入敦煌，线描较前更为遒劲潇洒，富于动的韵律感。

为了表现特定的内容，古代匠师注意用不同的手法刻画不同人物的形象，从身份地位到性格类型，形成一系列程式化的表现方法，例如以正面像和佛经所规定的手印与坐式，表现佛像的庄严神圣；以富于变化的半侧面，表现菩萨的优美温婉；而表现胡人，则多用侧面，适合表现他们高鼻深目的外形特征。然而，在同一类型的人物中，又并非千篇一律，例如北魏彩塑菩萨显得肃穆庄静，而北周第290窟的彩塑菩萨却呈现出天真的微笑；古代匠师并不拘泥于固定的程式，使莫高窟艺术因而变得丰富多采。

在人物造型上，不论是塑像还是壁画，古代匠师十分注意掌握人物的形体和比例，根据内容表现而协调人物姿态与整体结构之间的关系。菩萨的头部与身长之比，从一比四，逐渐发展到一比六、一比七，使得菩萨的身段愈加苗条秀丽。艺术家不放过任何一个细节的处理，例如加长指节以美化手势，虽然超越了生理解剖的规律，但是由于"夸而有节"，"饰而不诬"[21]，恰恰增强了形象的美感。第257窟鹿王本生中为国王挽车的马，弯曲的颈项、细长的躯体、富有弹力的蹄胫，都经过很大的夸张，但只有这样，才使人感到，一匹矫健有力、步履轻捷的骏马，脱壁而出。

塑造"神"的形象，当然需要多多地借助于想象；早期艺术中出现许多超越现实生活的形象，如第249、285窟顶部的诸般神异；九首龙身

[19]　张彦远《历代名画记》卷二《论顾陆张吴用笔》（人民美术出版社1963年版）。

[20]　《历代名画记》卷六。

[21]　刘勰《文心雕龙》卷八《夸饰》。（范文澜《文心雕龙注》，人民文学出版社1962年版）。

的开明、人头蛇身的女娲、人面鸟身的禺强、旋转连鼓的雷公等，都是借助想象把自然力加以形象化的产物。飞天是莫高窟艺术想象力的最卓越的产物。早期的飞天，不长翅膀，不乘云彩，仅凭借披巾飘拂飞扬的动势，把佛教里弹琴奏乐、散花喷香的天人，尽情美化。

早期莫高窟艺术的色彩，同样具有鲜明的民族特色。人们很容易注意到，壁画作者使用中国特有的颜料，直接按照物体的固有色来进行赋彩。这是古代中国画的传统形式。同时，我们在对早期壁画的技法进行分析研究时，发现各种颜色敷设的部位都经过了作者事先周密设计和经营；一些壁画的白地上，可以看到赋色前一一注明颜色的符号。在色彩的分布配置上，作者显然十分讲究均衡、对称以及整体效果，使壁画和彩塑浑然一体，具有强烈的装饰味道和艺术感染力。

早期莫高窟艺术在近二百年中经过了北凉至北周一共四个历史时期，不断地发展演变，先后呈现出两种不同的艺术风格，它们的形成都有一定的社会历史根源。

北凉和北魏时期的莫高窟，人物头戴宝冠，着裙帔，上身半裸，庄严肃立，动态不大，面相丰圆或条长，神情温婉恬静；在衣冠服饰上明显地保留着西域和印度、波斯的风习；色彩上土红涂地，色调温暖、厚重、浓丽；造型上除线描而外，还采用来自西域（新疆）的明暗晕染（即凹凸法）以表现立体感，这就是习惯上所称的"西域风格"。事实上，敦煌石窟艺术从一开始就受到了西域，特别是龟兹佛教艺术的影响。这种影响在敦煌经过了选择与融合，发生了变化。例如龟兹壁画中丰乳、细腰、大臀的裸体菩萨，一旦到了生活习俗不同、儒家思想根深蒂固的敦煌，便难以存在；晕染法也有所改变；因而从技法到形象都显示出敦煌的乡土色彩（图9、10）。所谓西域风格，已经是佛教思想同敦煌地方儒家思想互相融合的产物。"仁"和"静"是佛教和儒家共同要求的品德。当时敦煌的学者刘昞提倡儒家的品德修养，主张为人要"质素平淡、中睿外朗……"，最终还要有"温柔之色"。总起来就是说要有淳厚的仪容、恬静的心灵。此类思想影响到当地的佛教，也影响到敦煌早期的艺术创造。

西魏时期（从北魏晚期开始），不仅出现了新内容，而且出现了面貌清瘦、眉目开朗、神情潇洒、褒衣博带的人物形象；在色彩上也一改由土红涂地而造成的浓重色调和静穆的意境，中原传统绘画的染色法替代了西域式的晕染；因而出现了爽朗明快的画面和生机蓬勃的运动感，形成一种新的艺术风格。我们叫它做中原式风格。这种风格是以魏晋南朝士大夫的生活、思想和审美理想为基础的。南朝的门阀士族，享有高官厚禄、广田群奴。他们喝酒，赋诗，清谈，学神仙，穿宽大的衣服，并以清瘦为美。风流相仿，相因成习，逐渐风靡全国。在魏孝文帝太和改制以后，这种风气很快就反映到云冈、龙门、麦积山、炳灵寺等处的石窟艺术上，以秀骨清像、褒衣博带、潇洒飘逸为其特征。北魏晚期这种风格开始传到了敦煌（图11、12），这是"建平东阳弘其迹"的结果。北魏孝昌元年（公元525年）和北周建德元年（公元574年），东阳王元荣和建平公于义先后从中原来到敦煌出任瓜州刺史，在他们统治期间，修建了许多规模较大的洞窟，出现大量新风格的塑像和壁画，促进了敦煌艺术的发展。在北魏晚期、西魏和北周的许多洞窟里，两种风格同时并存；以西魏第285窟为例，西壁为西域风格，东、南、北三壁为中原

图11　江苏丹阳胡桥吴家村南齐墓砖刻天人

图12　莫高窟第249窟壁画飞天

式风格。

总之，敦煌莫高窟艺术，首先是接受了西域龟兹佛教艺术的影响，同时也受到来自东面例如北凉的影响，但是凉州石窟并没有很快地完全突破西域佛教艺术的体系。最强大的一股潮流是北魏晚期以来中原艺术给敦煌带来的新风格。这种风格与西域风格相融合，与敦煌地方色彩相融合，于是在隋代统一全国之后，在新的历史环境中产生了新的统一的民族风格和时代特色。

以上就早期莫高窟艺术的内容和形式作了简略的介绍，挂一漏万，在所必有，希望得到国内外专家的指正。

敦煌莫高窟北朝洞窟的分期

樊锦诗　马世长　关友惠

　　莫高窟开凿于敦煌县东南鸣沙山东麓的断崖上。根据洞窟的分布情况，可以分为南、北两区。北区除第461—465窟等五个窟有壁画而外，多是当时僧人和工匠居住的洞窟。现有编号的洞窟大多集中在南区，上下相接、左右比邻，最密集处上下可达四层或五层。隋代以前的北朝洞窟，在莫高窟现存三十六个。除第461窟在北区外，其余皆分布在南区中段的第二层和第三层。洞窟窟门均东向。北朝各洞窟在位置上的相互关系，见图1、2、3。

　　现存的北朝诸窟中，除了第285窟有西魏大统四、五年（公元538—539年）发愿文题记① 外，再没有可供断代的直接材料。我们探讨这批北朝洞窟的分期. 是通过对洞窟的形制、塑像、壁画、装饰图案等项，进行分类排比，从中分析它们各自在内容和表现形式上的差异、变化，以及它们之间的共存关系，以探求其发展和演变的过程。根据这样的研究，我们将北朝洞窟分为四期。根据各期的时代特征，我们对四期的相对年代进行了推测。每期的起迄时间，都是按敦煌地区的具体历史发展情况来估定的，与相应历史朝代的起迄年代并不完全一致。因此，在个别洞窟的时代上，和前人的看法有所不同。本文不是对前人各种分期见解的综述，而只是概略地叙述我们目前对北朝洞窟分期的认识。这些是应该加以说明的。

① 发愿文见本书图版说明 123、124、125、126、128。

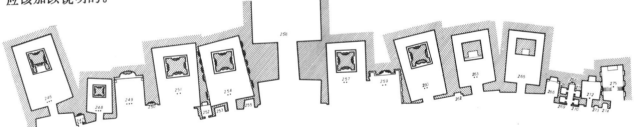

图 1　莫高窟南区中段第二层北朝第一期、第二期石窟以及第三期部分石窟平面图
（窟号下有"·"表示为第一期石窟，"··"表示为第二期石窟，"···"表示为第三期石窟）

图 2　莫高窟南区中段第二层北朝第三期、第四期部分石窟平面图（窟号下有"····"表示为第四期石窟）

图 3　莫高窟南区中段第三层北朝第三期、第四期部分石窟平面图

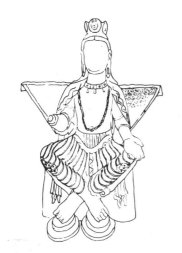

图 4　第275窟主尊彩塑交脚菩萨

图 5　第275窟彩塑主尊头部

② 敦煌文物研究所过去将第268
窟主室南北侧壁的四个小禅室
分别编为第267、269、270、
271窟。从整个洞窟结构看,
四个小禅室均属于第268窟,
因此本文只作为一个窟来看
待。小禅室内现存壁画为隋代
所画,原先应是素壁。
③ 因莫高窟绝大多数洞窟皆为坐
西朝东,故本文叙述上以西壁
为后壁,东壁为前壁,南北两
壁为侧壁。如遇中心柱,则东
向面为正面,西向面为后面,
南向面和北向面为侧面。
④ 第272窟北侧崖壁上的小龛,
敦煌文物研究所过去编为第
273窟。
⑤ 见图版12、13、14、15、16。
⑥ 《思惟略要法·十方诸佛观
法》(《大正藏》卷15,p.299)。

第 一 期

第一期石窟三个,即第268、272、275窟。三窟南北比邻,自成一组。

第268窟② 无前室,平面呈长方形。平顶,顶上浮塑斗四平棊。后壁③开一尖楣圆券形龛,内塑交脚佛像。南北两侧壁各开两个方形小禅室。侧壁绘单身结跏坐佛和与壁面等高的药叉,上部有穿右袒袈裟、比丘形象的飞天。在壁画的布局上,看不到明显的上下分段情况。

第272窟 单室,平面方形。窟顶近似穹窿形,中心浮塑斗四藻井。窟顶与四壁的连接圆转,上下之间无明显界限。后壁开一穹窿形龛,内塑倚坐佛像。侧壁壁画布局上中下分为三段:上绘天宫伎乐,中绘说法图、千佛、供养菩萨,下绘三角垂帐纹。窟门外两侧崖壁上各凿一小龛,内各塑一禅僧④。

第275窟 单室,平面长方形。窟顶作起脊较宽的纵向人字披形,上浮塑脊枋和椽子。后壁贴壁塑高3.34米的交脚菩萨像一身,方座,座两侧各塑一狮。南北侧壁各分为上中下三段:上段各开阙形方龛二、对树圆券龛一,龛内分别塑一交脚菩萨或思惟菩萨。中段画佛传或本生故事,故事画下绘供养人或供养菩萨一列。下段为三角垂帐纹。

第一期的三个洞窟,在洞窟形制上各不相同,而且三种窟形在以后各期中均不见。三个洞窟中,塑像皆为单身造像,多塑弥勒为主尊(图4)。胁侍像都是画在塑像的两侧。塑像和壁画中的佛、菩萨形象,面型浑圆、额宽、鼻直、嘴大、唇薄、嘴角上翘,微含笑意(图5)。佛像的服装仅右袒式袈裟一种。菩萨像的服装主要是袒上身、披巾、着裙的裙披式。壁画中的飞天体态略嫌僵硬、笨拙,身体屈折成“U”字形(图6)。第275窟北壁本生故事画,在横卷式的壁画上,并列四个以上的本生故事。每个故事以最富有特点的一、二个情节,表现故事的主题,自成一幅独立的画面。第268窟的男供养人像,服装为交领、大袖长袍(图7)。第275窟的男供养人像,头裹巾帻,上衣为交领、窄袖、束腰,下穿宽腿裤及靴(图8)。第268窟女供养人像,着交领、右衽长衫和长裙(图9)。装饰图案中有单叶波状忍冬纹(图10)。以上这些特点,都是第一期洞窟所特有,第二期及以后各期所不见的。

第一期洞窟中的另一些现象,例如:出现阙形方龛和对树形龛;壁面上布局上下分段;佛、菩萨像两肩宽厚、腰细的造型;塑像服装上的贴方泥条间刻阴线的衣纹;壁画中各种人物的面部、肌肤的晕染为西域式的凹凸画法(图11);故事画人物多为菩萨装或西域装⑤;天宫伎乐的天宫为圆券形房屋,下画凹凸条砖凭台,台下绘托梁(图12);千佛服装为双领下垂和通肩两式相间排列;千佛头光、身光、服装的颜色以八身为一组,每身各不相同,颜色的排列顺序成组地循环,形成斜向的条条色带,表现十方诸佛,佛佛相次、“光光相接”的景况⑥;图案装饰中有云气纹、鳞纹、锁链忍冬纹、双叶波状忍冬纹、双叶交茎套联忍冬纹等(图13),这些特点均为第二期所沿用。

第一期洞窟中的若干特点在第二期洞窟中继续存在,表明第一期和第二期之间有着前后继承的关系。而第一期中所独具的那些特点,则正是其与第二期的差异所在。这种差异,反映着第一期早于第二期的时代

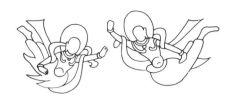

图 6　第 268 窟飞天

图 7　第 268 窟男供养人

图 8　第 275 窟男供养人

图 9　第 268 窟女供养人

图11　第 275 窟壁画胁侍菩萨面相及晕染

图10　图案纹样
单叶波状忍冬纹

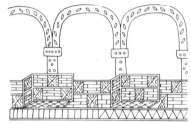

图12　第 272 窟天宫建筑

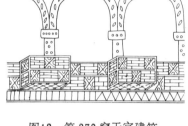

图14　酒泉马德惠造石塔上的飞天
十六国夏承光二年(公元 426 年)

锁链忍冬纹

双叶波状忍冬纹

双叶交茎套联忍冬纹

图13　图案纹样

图15　炳灵寺第 169 窟壁画飞天
西秦建弘元年（公元 420 年）前后

特征。

　　为了判定第一期石窟的时代，显然还需要将本期洞窟的若干特点去和已知有较明确年代的材料进行比较，例如和云冈石窟的第一期[7] 作比较，同时也和炳灵寺、新疆等地文物对照比较。莫高窟北朝第一期没有中心塔柱窟，云冈第一期的昙曜五窟情况相同，两地的中心塔柱窟均出现在第二期。莫高窟北朝第一期洞窟塑像为单身造像，不塑胁侍，胁侍像以壁画表现；云冈第一期中亦有同例，第20窟主像三世佛，也无胁侍塑像。莫高窟北朝第一期塑像，肩宽腰细、面相长方而浑圆，同云冈第一期的第18、19、20窟中的造像十分相似。莫高窟北朝第一期塑像贴方泥条和刻阴线的衣纹，第 275 窟交脚弥勒菩萨肩部和腿间的衣、裙边作宽波褶的褶纹，这些都和云冈第18、19、20窟主尊衣褶衣边的处理手法一样。莫高窟第275窟的交脚弥勒，两腿相交成钝角，两膝间距离较宽，胸前浮塑小莲花和璎珞，这些特点同云冈第一期的第17窟主尊交脚弥勒很有相似之处。莫高窟第一期体态笨拙的飞天，在云冈第一期洞窟中也可以看到。另外，在酒泉出土的北凉时马德惠造石经塔[8] 上（图14），在炳灵寺第169窟西秦建弘元年（公元420年）前后的壁画[9] 中（图15），

⑦　宿白《云冈石窟分期试论》，《考古学报》一九七八年第一期。

⑧　王毅《北凉石塔》，《文物资料丛刊》第一辑（1977年）。

⑨　甘肃省文化局文物工作队《调查炳灵寺石窟的新收获》，《文物》一九六三年第十期。

图16　炳灵寺第169窟壁画女供养人，西秦建弘元年前后

图17　敦煌北凉婆罗谜字石经塔上供养人

⑩ 觉明居士《记敦煌出土六朝婆罗谜字因缘经经幢残石》，《现代佛学》一九六三年第一期。此塔与酒泉马德惠造石塔相似，应同属北凉时期遗物。

⑪ 《新疆出土文物》图版五四，泥俑左起第三人，文物出版社1975年版。

⑫ 《魏书》卷一百一十四《释老志》。

⑬ 同⑦。

⑭ 汤用彤《汉魏两晋南北朝佛教史》第十四章《佛教之北统》，中华书局1963年版。

⑮ 《高僧传》卷二《昙无谶传》（《大正藏》卷50，p.336）。

⑯ 道宣《集神州三宝感通录》卷中（《大正藏》卷52，p.418）。

⑰ 《法苑珠林》卷十三《敬佛篇·观佛部感应缘》（《大正藏》卷53，p.383）。

⑱ 《太平御览》卷一百二十四偏霸部八引《十六国春秋·北凉录》。

⑲ 同⑧。

⑳ A.von Le Coq: Chotscho, Berlin,1913, Tafel 60.

㉑ 史岩《凉州天梯山石窟的现存状况和保存问题》，《文物参考资料》一九五五年第二期。

㉒ 塔柱的两侧面和后面，业已被抹成平整的壁面，满绘后期壁画，不见原凿龛的痕迹。

也都可以看到相似的飞天形象。莫高窟第268窟女供养人像，双手拱于腹前的动态及衣纹的形式，和炳灵寺第169窟西秦壁画（图16）、敦煌婆罗谜字石经塔⑩上的供养人像（图17）很相似。莫高窟第272窟的男供养人的裤褶服装，和新疆吐鲁番阿斯塔那北凉承平十三年（公元455年）沮渠封戴墓出土的陶俑服装十分接近⑪。

通过上述比较可以看出，敦煌莫高窟北朝第一期洞窟与云冈等地五世纪初至五世纪中叶的石窟雕塑、壁画及石刻，具有许多的相似之处，这表明它们在时代上应大致相同。云冈第一期洞窟开凿于北魏复法之后的和平年间（公元460—465年）。著名的僧人昙曜来自凉州⑫，他主持开凿的昙曜五窟自然会受到凉州的影响，其造像风格应是凉州造像风格的继续⑬，故亦可理解为是对北魏灭法前旧的造像形式的摹仿。敦煌莫高窟地近凉州，它的北朝第一期艺术同样也应该是源于凉州，而属于北魏灭法之前的形式。敦煌在公元420—442年左右是由北凉政权统治着的，因此我们认为，莫高窟北朝第一期洞窟的开凿时代，大致相当于北凉据有敦煌这段时间。

北凉政权重佛法⑭，沮渠氏一门笃信佛教。蒙逊"素奉大法，志在弘通"⑮，公元397年统治凉州之后，曾主持开凿凉州南山石窟⑯，"为母造丈六石像"⑰蒙逊子茂虔玄始九年（公元420年）任酒泉太守后，在酒泉"起浮图于中街"，有石像在焉⑱。酒泉和敦煌先后出土过北凉时期石塔七件⑲。德国人勒柯克也曾在新疆吐鲁番盗去北凉石塔一件⑳。据调查，甘肃武威天梯山㉑等处也都有时代较早的洞窟，它们很有可能是在北凉时期开凿的。河西一带分布有这么多的北凉时期的佛教遗迹，那么同时在敦煌莫高窟开窟和造像，当然是十分可能的。

第 二 期

第二期石窟主要是第259、254、251、257、263、260等六个窟。此外，第487、265两窟，虽经后代改画和重修，但其始建应在北朝第二期。

第二期洞窟的形制，主要是中心塔柱窟。中心塔柱窟形制上的特点是：窟室平面呈长方形，后部中央凿出了通连窟顶与地面的中心塔柱。柱身四面凿龛造像，正面为一大龛，余三面皆两层龛，除两侧面上层作阙形龛外，其它都是尖楣圆券形龛。柱身上部贴影塑。在窟室后部，中心塔柱与窟室侧壁、后壁之间形成绕塔右旋的通道。通道上方为平顶，影作平棊。窟室前部顶作人字披形，上浮塑脊枋、檐枋和椽子。人字披檐枋两端，有的装有木质丁头拱，第254窟原物尚存。第254、251、257三窟的前壁门道上方，还凿有通光的方形明窗。

第二期石窟中，第259、265、287三个窟形制比较特殊。

第259窟　单室，平面长方形。两侧壁凿上下两列龛，龛内造像。北壁上层四个阙形龛，下层三个尖楣圆券形龛。南壁大部已残。后壁中部凿成一前凸的半个中心塔柱，仅正面开龛造像。正面龛外两侧和塔柱两侧面各塑一胁侍立像。柱身上部贴影塑。窟顶前部为人字披，后部平顶。此窟应是中心塔柱窟的一种不成熟和不完备的形式。

第265窟　经后代改建重绘。中心塔柱正面龛已改为方形深龛，其余三面龛已无存㉒。窟顶前部现被改成平顶，但仍能看到人字披被改建的痕迹。此窟较大，位于第一期三个窟与第二期的第259，260、263窟之间，根据窟形和所处的位置，可知其开窟时间应在第二期。

第487窟㉓　前室现存部分，呈横长方形；从残存的地面地栿槽和地梁孔遗址推测，前室原为面阔三间的窟檐式建筑。主室平面呈方形。中部偏西筑有方形低坛，两侧壁各凿出四个小禅室。窟顶前部为人字披顶，后部平顶。发掘时曾发现人字披上的浮塑泥椽，上涂土红色地，绘白色下垂三角纹。还发现绘菱形方格纹的泥塑挑檐枋㉔。此窟由洞窟形制和人字披上浮塑椽子等特点看，应与第254、259、257等窟同属第二期。

第二期洞窟的塑像，开始出现成铺的组像，即一般在居中主尊佛或菩萨像的两侧增加左右胁侍菩萨；也有个别情况，例如第251和435窟中，在主尊左右塑天王像。各窟主尊，除第254窟为交脚弥勒佛、第259窟为释迦多宝并坐像外，余皆为倚坐释迦像。侧壁龛内，基本上是结跏坐佛、交脚菩萨、思惟菩萨共存。中心塔柱南侧面或后面的对树形龛内，多塑肋骨显露的结跏坐苦修像。第431窟中心塔柱南面上层龛外，绘壁画"乘象入胎"和"逾城出家"。中心柱四面龛内造像似乎与释迦"出家"、"苦修"、"成道"、"说法"各相有关，这符合禅观所要求的观佛传各相㉕。塑思惟菩萨和交脚菩萨，则有静虑思惟，请弥勒解决疑难，求生兜率的意义㉖。中心塔柱的四面，均贴单身单跪状圆形头光影塑供养菩萨。其服装为通肩或斜披络腋，头梳髻，戴冠披。此类影塑应是侍从的形象。

第二期洞窟的壁画，四壁上段多是天宫伎乐，下段为药叉，中段是千佛，佛经故事画和说法图。故事画题材除佛传和本生外，还增加了外道皈依（例如须摩提女因缘）、守戒自杀（例如沙弥守戒自杀因缘）等因缘故事。本生故事画除忍辱施舍的内容外，还有讲因果报应的鹿王本生。佛传则突出降魔和说法。说法图中又有三佛说法㉗、白衣佛说法㉘，还有的在下部画出绿水莲池㉙。在构图上，既有菩萨众多的大型说法场面，也出现过仅画一佛二菩萨幅面很小的说法图。

第二期壁画的表现形式，千佛和天宫伎乐沿用第一期形式，但天宫伎乐中，出现了圆券形房屋同中原汉式方形房屋相间的"天宫"建筑式样（图18）。故事画有单幅一个情节的，如鹿野苑说法；有单幅同时画出很多情节的，如萨埵本生；也有情节连续铺排的横卷式连环画，将故事的若干情节用连续、交错的多幅画面组成长长的横卷，其中前后情节之间用山峦、屋舍作分隔；各幅画面并附榜题，如鹿王本生。这后面两种构图是第一期所没有的。

塑像和壁画，佛、菩萨的面相均作长圆形（图19、20、21）。人物的服装，塑像中的主尊倚坐像和半结跏坐像皆右袒，衣摆两层，平齐而有小褶，衣纹为贴方泥条间阴线，并加装饰性的涡纹（图22）。结跏坐佛多为通肩和双领下垂式，右袒式极少；衣纹有单阴线、双阴线、三阴线。壁画中的佛像服装仅有右袒、通肩两式。菩萨像的服装以裙披式为主，兼有少量的斜披络腋、通肩和右袒式。裙披式多为披巾搭肩顺臂而下，长裙单层，裙摆成三个尖角下垂，衣纹为阴线（图23）。壁画弟子像（包括比丘、比丘尼）服装有通肩、右袒、襦服、对襟四式。后二式为第一期所不见。在说法图和故事画中，人物服饰多数仍然是西域装或菩萨装，中原汉式服装极少。壁画供养人形象多已漫漶。男供养人中的

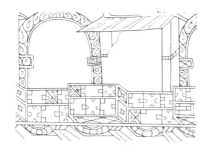

图18　第248窟天宫建筑（第二期和第三期形式大体相同）

图19　第257窟彩塑主尊头部

㉓　敦煌文物研究所《敦煌莫高窟窟前建筑遗址发掘简记》，《文物》一九七八年第十二期。

㉔　上述遗址详情，均见㉓。

㉕　《观佛三昧海经》卷一观相品第三之一（《大正藏》卷15，p.648—650）。

㉖　刘慧达《北魏石窟与禅》，《考古学报》一九七八年第三期。

㉗　如第263窟南壁壁画三身佛，见图版54，三佛并立，作说法状。

㉘　如第254窟西壁中央画坐佛，着白色袈裟，作说法状，见图版30。

㉙　如第251窟北壁东侧说法图，见图版48。

图20　第259窟 彩塑胁侍菩萨

图21　第251窟壁画胁侍菩萨面相及晕染

图22　第257窟彩塑主尊

图23　第257窟
彩塑胁侍菩萨.

图24　第257窟沙弥守戒自杀缘品
中长者（与第263窟男供养人略同）

图25　第249窟女供养人。第二期
和第三期形式大体相同

高毡帽、颏下结缨、交领大袖长袍、束带、笏头履（图24），女供养人中的大袖裙襦，上为交领大袖襦服，下为长裙，腰束蔽膝，这样一些服饰也都是第一期所没有的（图25）。

第二期洞窟窟顶人字披椽间画站立的供养菩萨或双腿舒展露足的飞天（图26），以及波状枝藤、莲花、忍冬组成的图案纹样（图27）。边饰纹样的种类增多了，出现了第一期所没有的龟背忍冬纹、双叶桃形连圆忍冬纹、叶形同向回卷的藤蔓分枝单叶忍冬纹、藤蔓分枝双叶忍冬纹、菱格几何纹、散点花叶纹等新纹样（图28）。

第二期洞窟和第三期洞窟相比较，两期之间有很多迥然不同之处。在第三期洞窟中普遍出现的清瘦形象、褒衣博带式的服装、面部以色块晕染双颊的中原汉式表现手法，以及体态潇洒、运动感很强的飞天等，在第二期洞窟中都还没有，这标志着第二期早于第三期。

在莫高窟第254窟明窗处，保存着分属第二期和第三期两个不同时代的壁画叠压关系，为确定这两期的早晚顺序提供了直接的证据。第254窟明窗四周有土红色边框、白底长方形画面的残迹。这残迹明显地叠压在原画千佛的土红底色之上。表层壁画是在封堵了明窗之后加画的。现今封堵的明窗又重被打开，故表层壁画仅存部分残迹：上部有菩萨的石青色披巾，下部有身穿裤褶的男供养人形象（图29）。从残存的披巾形式和颜色、供养人的服装和姿态，都可以清楚地看到，它们与第三期西魏第285窟北壁说法图中的同类内容十分相似（图30），其时代也应大致相同。第254窟早于第285窟本来就是显而易见的，由它的明窗处重层壁画的叠压关系更足以证明，第二期必定早于第三期。

《魏书·释老志》载，北凉沮渠氏灭亡后，"凉州平，徙其国人于京邑，沙门佛事皆俱东"。因而凉土一带的佛事活动大为减弱。在太平真君五年（公元444年）㉚敦煌地区实际已受北魏统治。又据《元和郡县志》卷四十陇右道沙州条："后魏太武帝（公元444—452年）于郡置敦煌镇"，可知北魏占领敦煌以后，即在敦煌设镇。北魏太武帝太平真君七年（公元446年）废佛，至文成帝兴安元年（公元452年）才又复法。昙曜在平城为北魏皇室开凿五窟，已是和平年间（公元460—465年）。可以认为，从北魏占领敦煌到和平年间，很少有可能在敦煌开窟造像。所以，莫高窟北朝第二期洞窟的修建，大体只能是在和平年间之后。这

㉚　公元442年，逃奔伊吾的西凉李宝归据敦煌，奉表北魏。北魏授宝敦煌公。宝据敦煌二年，公元444年被征入朝，是年敦煌遂入北魏版图。见《晋书》卷八十七《凉武昭王李玄盛子士业传》、《资治通鉴》卷一百二十四。

样，莫高窟第二期洞窟与北魏灭凉之前的第一期洞窟之间，相距二十多年。因而，第一期洞窟和第二期洞窟存在着比较显著的差异，是不难理解的。在第二期洞窟中，显然还没有出现形容清瘦的"秀骨清像"，以及"褒衣博带"的服装。这种情况，理应是在太和十八年（公元494年）"壬寅革衣服之制"⑤之前，服装尚未改制的一种表现。边远地带受中原地区文化的影响，总要略晚一些。因此在莫高窟出现秀骨清像和褒衣博带式服装估计可能要到公元500年以后了。所以我们认为，莫高窟北朝第二期洞窟的年代，大约是在公元465年以后到公元500年左右，即相当于北魏中期。

图26　第257窟人字披椽间飞天

图27　第254窟人字披椽间图案纹样

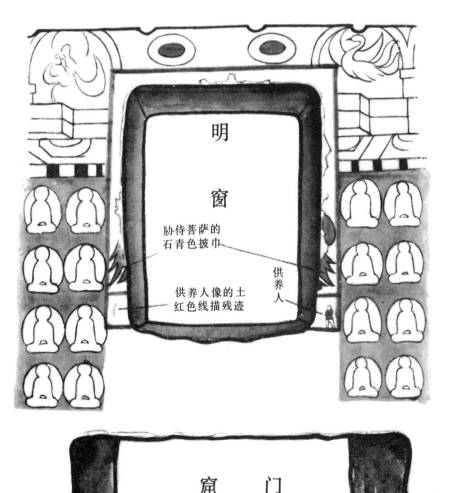

明窗

胁侍菩萨的
石青色披巾

供养人

供养人像的土
红色线描残迹

窟门

龟背忍冬纹

双叶桃形连圆忍冬纹

藤蔓分枝双叶忍冬纹

藤蔓分枝双叶忍冬纹

散点花叶纹

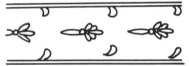

散点花叶纹

图28　图案纹样

图29　第254窟明窗处重层壁画的
叠压情况

图30　第285窟北壁说法图之一

⑤　《魏书》卷七《高祖孝文帝纪
下》．长広敏雄《仏像の服制》
（《大同石仏芸術論》高桐書
院，1946年），

图31 第437窟影塑飞天

图32 第248窟人字披椽间飞天

第 三 期

第三期石窟主要有 九 个，即 第 437、435、431、248、249、288、285、286、247窟。此外，窟内北朝塑像和壁画均已无存的第246窟，也应归于第三期。这期的石窟形制种类又有增加。

中心塔柱窟居多数，除第248窟外，第437、435、431、288、246窟都有前室。前室均经重绘。主室前壁上无明窗。中心塔柱侧面除在第248窟为单层龛外，其余诸窟都有两层龛，柱身形成上小下大的阶梯形。窟内大都为尖楣圆券形龛，只有第437、435窟有阙形方龛。人字披形顶浮塑脊枋、檐枋下均无木质斗拱。

第246窟 全窟经西夏重绘，中心塔柱正龛经改建加深。窟顶还保存前部人字披后部平顶的形式。中心塔柱两侧面和后面还能看出原建时的龛形，两侧面上层龛均为方形，估计原来应是阙形方龛。这种阙形方龛，到第四期即已不再出现。根据第246窟的窟形，以及位置上同第247、248、249等窟比邻的情况，可推知它们大体同属于第三期。

禅窟，仅有第285窟。其前室曾经后代重绘并加凿小龛。主室平面方形。地面中央有方形低坛。后壁凿龛身较低的三个圆券龛（其中中龛较大），内各塑一像。两侧壁各开四个小禅室，禅室内素壁。窟顶为方形、覆斗状。侧壁壁画布局上下分段。

单龛窟，有第249窟和第247窟，皆单室，平面方形。后壁开一龛身较低的大尖楣圆券龛，内塑像。后壁与侧壁相接处，或侧壁后端，有低台，其上塑胁侍菩萨像。壁画上下分段。第249窟窟顶方形、覆斗状。第247窟窟顶人字披形，影作脊枋和椽子。

第286窟 位于第285窟门道上方。人字披形窟顶，影作脊枋和椽子。无龛和塑像。

第三期的各洞窟，根据它们的主尊、胁侍菩萨，以及供养人像的服装；根据中心塔柱上的影塑、四壁佛经故事画及说法图的题材和表现形式，可以分为两种类型。

第一类洞窟有第437、435、431、248窟。它们同第二期石窟没有明显的区别，其主要的方面仍然是第二期旧内容和旧形式的继续，只是在影塑和窟顶椽间绘画中，出现了第二期所没有的服装、纹样、面相和染色方法。其中单身单跪影塑供养菩萨，服装一律为通肩式，无冠披，尖头光。第437、435、431窟的影塑还有成组的佛、菩萨、飞天，与供养菩萨共存。第435、437窟影塑清瘦式飞天穿褒衣博带装（图31）。窟顶人字披椽间绘莲花、忍冬、摩尼宝珠和清瘦式飞天组成的纹样；其中并无波状枝藤，与第二期不同。飞天头梳单鬟髻或双鬟髻，面相方瘦清秀，挺胸，双腿蹉曲，长裙裹足，披巾呈锐角数个，升腾飘扬，似火焰状。飞天面部的晕染，为中原汉式染色块的手法（图32）。这组洞窟的塑像，造型扁平单薄、颈项细长、面相方瘦清秀（图33、34）。

第二类洞窟有第249、288、285、286、247窟。这组洞窟中出现了较多的新题材和新的表现形式。塑像主尊和胁侍菩萨像多为褒衣博带式服装，右袒式袈裟已不见（图35）。穿褒衣博带服装的菩萨，披巾交于腹前，并穿环或打结（图36）。主尊衣纹贴尖棱泥条。第288窟中心塔柱上出现了影塑千佛。

图33 第248窟彩塑主尊头部

图34　第248窟彩塑胁侍菩萨头部

图35　第285窟彩塑主尊

图36　第288窟彩塑胁侍菩萨

图37　第285窟壁画胁侍菩萨面相及晕染

新出现的壁画题材,例如第285窟后壁上的菩萨装和武士装的护法诸天和外道形象,有日天、月天、摩醯首罗天(主龛北侧,三面六臂,骑青牛)、毗瑟纽天(主龛南侧,三头八臂)、鸠摩罗天(主龛北侧,面颜如童子,四臂,乘孔雀)、毗那夜伽天(主龛北侧,持三股叉,像首人身)、四天王天(主龛两侧各二身,穿甲,围战裙,持戟、执矛、托塔、仗剑)。又如第285、249窟覆斗顶的四披,用中原汉式和西域式两种画法表现天、地、人间。对于一些神异形象,一种意见认为其中有伏羲、女娲和东王公、西王母等,是中原汉族的传统神话题材[32];另一种意见认为那些是日天、月天、帝释天、帝释天妃等,只是借用中原传统神话中的固有形式,来表现佛教的诸天形象罢了[33]。不论两种意见孰是,洞窟中出现的新题材已开始受到中原传统艺术的影响则是毋庸置疑的。此外,侧壁的说法图还出现了释迦多宝、七佛和无量寿佛说法。佛经故事画中也出现了五百强盗成佛因缘故事等新题材。

上述第三期第二类的新题材壁画中,普遍出现了瘦骨清像的人物面相、褒衣博带的衣冠服饰,普遍采用了面颊染色块的晕染方法,以表现面部的形体(图37、38)。

第三期的两组洞窟中的男供养人着裤褶、盘领对襟窄袖大衣,腰束带、束脚裤,头裹巾帻或戴卷檐毡帽,有的头梳单髻或双髻(图39);女供养人着襦服,领斜交较大,下身为间色条纹长裙,裙腰高高地系在胸部,头梳单鬟髻(图40)。这些特点都是第二期所没有的。第三期第二类有的男供养人像头戴筒形纱质笼冠或通天冠,身穿曲颈深衣袍的汉式服装,是为中原贵族的常服(图41、42)。第285窟北壁说法图中有一身穿袿衣的女供养人,身材修长,瘦骨清像,双鬟髻、鬓发长垂,穿间色裙襦,腰围蔽膝,足穿笏头履,并有绕体飘扬的披巾(图43)。这种中原贵族妇女的礼服,与宋人摹东晋顾恺之《洛神赋图》中女神的穿着十分相似。

第三期第二类洞窟窟顶椽间画飞天、供养菩萨、飞禽、走兽、摩尼宝珠和莲花、忍冬等相结合的纹样(图44)。

第三期中第285窟的纪年题记,为断代提供了可靠的依据。第285窟北壁东起第一铺滑黑奴造无量寿佛发愿文的纪年,可以证明第285窟完成于西魏大统五年(公元539年)或稍后。唐武周圣历元年《李君修佛

图38　第249窟说法图中飞天

㉜　孙作云《敦煌画中的神怪画》,《考古》一九六〇年第六期。

㉝　敦煌文物研究所内持此说者甚多,执笔者亦同此意.

图39 第285窟
男供养人

图40 第285窟
女供养人

图41 第288窟
男供养人

图42 第285窟
五百强盗成佛故
事画中国王

图43 第285窟女供养人

图44 第430窟人字披椽间图案纹
样（第三期第二类和第四期形式大
体相同）

龛碑》说，在莫高窟，"乐僔、法良发其宗，建平、东阳弘其迹"[34]。"东阳"是指北魏宗室东阳王元荣[35]。北魏孝昌元年（公元525年）之前，元荣就任瓜州刺史；元荣死后，其子元康和其婿邓彦继为瓜州刺史，大约至大统十一年。东阳王元荣一家在敦煌（瓜州）活动的时间，从孝昌元年前直至大统十一年，计二十余年（公元525年前至545年）[36]，他们崇信佛教，广施佛经，开窟造龛，对北魏晚期至西魏上半期莫高窟的兴建影响很大。这一期洞窟中出现的瘦骨清像和褒衣博带，应当和元荣自洛阳来到敦煌，带来中原地区的文化影响有关。以第285窟为代表的第三期洞窟的年代，无疑是在元荣一家统治敦煌时期，即公元525—545年前后。第三期中的第一类洞窟，保存着较多第二期洞窟的旧形式，新形式、新题材比重较小，因而在时间上第一类应较第二类洞窟略早，有些洞窟可能早到北魏晚期。

第 四 期

第四期洞窟主要有十四个，即第432、461、438、439、440、428、430、290、442、294、296、297、299、301窟。此外，第441窟仅存后壁和一大龛，从龛形和表层宋代壁画下露出的底层壁画残迹看，该窟亦属第四期。

第四期石窟形制以方室单龛窟为主，中心塔柱窟数量减少。方室单龛窟，一般是平面方形，覆斗顶，西壁凿一大龛；唯第439、430窟窟顶为人字披后接平顶的形式，第461窟西壁未凿龛，只影作尖楣圆券龛。中心塔柱窟，除第432窟沿袭第三期形式外，第442、428、290窟的中心柱四面均凿单层龛，窟顶人字披上影作脊枋、檐枋和椽子。在第290窟则整个人字披满绘佛传故事画。

第四期石窟中，凡是成铺的塑像皆为一佛二菩萨二弟子的组像。第432窟的塑像题材沿袭第二期，倚坐佛、结跏坐佛、影塑供养菩萨共存。第428窟中心柱四面龛内均塑结跏坐佛的说法像。第290窟中心柱后面龛内是一身交脚弥勒菩萨。此外多数洞窟龛内主尊均是倚坐说法像。中心塔柱各面或侧壁上的影塑，皆为千佛。如上所述，塑像主尊以倚坐说法像居多，同时在成铺的塑像中，佛像两侧增加了两身弟子像；这样的变化，似乎表明第四期洞窟比以前更多地包含了供养礼拜的性质。

[34] 宿白《敦煌莫高窟早期洞窟杂考》，《大公报在港复刊三十周年纪念文集》，香港大公报1978年版。

[35] 赵万里《魏宗室东阳王荣与敦煌写经》，《中德学志》第五卷第三期（1945年）。向达《莫高榆林二窟杂考》，《文物参考资料》第二卷第五期（1951年）。

[36] 东阳王元荣至瓜州任刺史，其时当不晚于北魏孝昌元年（公元525年），迄于大统八年（公元542年）以前。继任者为元康（子）和邓彦（婿）。邓彦在任大约至大统十、十一年。此后成庆、申徽继任，时在大统十二年（公元546年）。史实见赵万里《汉魏南北朝墓志集释》图版八十六《魏故金城郡君墓志铭》（科学出版社1956年版）、《周书》卷三十二《申徽传》。另参见[34]、[35]。

塑像面相丰圆、方颐（图45、46），但头大而下身略短。佛像服装皆为褒衣博带，衣摆层次重叠，摆褶方折（图47）。菩萨头戴矮花鬘冠，无宝缯，长耳饰，服装以裙披式为主。披巾长垂，形式较第三期丰富，或于腹前交叉、打结、穿环（图48），又或横于腹前两道等（图49）。腰带长垂，裙摆重叠，摆褶方折。同时又出现了上身穿袒右肩短袖僧祇支、披巾、着裙的式样（图50）。弟子服装为内穿僧祇支的襦服，外披右袒袈裟，足着方头履或尖头靴。弟子中的迦叶和阿难像，从一开始就较好地塑造出了他们年龄和性格上的差异。本期各类塑像的衣纹，多为宽平的阶梯式，阴线已很少使用。

图45　第428窟彩塑主尊头部

　　第四期的壁画，在题材上，千佛和佛传故事画的比重有所增加。千佛除画在四壁中段外，有时也画在窟顶。千佛皆通肩袈裟，背光四色一组，其中绿色所使用的是一种不同于石绿的颜料，同时底色的土红也略偏黄。洞窟内的整个色调亦较前期有所变化。故事画的题材和数量有显著增加。布施和杂揉了儒家孝养思想的本生、因缘故事画、以及幅面巨大的佛传故事画，都是第三期所未曾见到的。画面的构图，除横卷式的连环画之外，还有上下横卷数段并列，情节发展呈"S"形相连续，又有的两段横卷上下并列，情节上下交错发展，等等。故事内容的表现较前更为细致、充分。说法图一般都画在两侧壁的中央。唯第428、461窟情况稍特殊。第428窟的侧壁和后壁，除三幅佛传、一幅卢舍那佛立像和一幅释迦多宝对坐说法像外，其余十幅都是正中一佛、两侧数身胁侍的说法图。第461窟未开龛，亦无塑像，只在后壁影作佛龛，龛内画释迦多宝对坐说法像，是全窟的主尊。第四期的天宫伎乐，除个别洞窟仍保存着"天宫"的形式外，大多已不画天宫，只画出由方形花砖构成的凹凸凭台，中原汉式装束的伎乐天在上方凌空飞翔（图51）。第四期图案纹样趋于简化。第428窟较多地沿用前期的旧式纹样，其它各窟纹饰主要是前期不见或少见的四出忍冬纹、叶纹自由舒卷的藤蔓分枝单叶忍

图46　第438窟彩塑胁侍菩萨头部

图47　第442窟彩塑主尊　　图48　第290窟彩塑胁侍菩萨　　图49　第297窟彩塑胁侍菩萨　　图50　第290窟彩塑胁侍菩萨

冬和藤蔓分枝双叶忍冬纹、缠枝花纹等（图52）。

　　第四期壁画中的各类人物形象，造型和面相都同塑像一致。佛、菩萨的服装也与塑像基本相同。壁画弟子服装有襦服，另有对襟式。飞天的种类增多，除菩萨形外，还有力士形和裸体飞天。飞天的服装出现了

图51 第296窟天宫伎乐

四出忍冬纹

藤蔓分枝单叶忍冬纹

藤蔓分枝单叶忍冬纹

藤蔓分枝双叶忍冬纹

图52 图案纹样

图53 第299窟飞天

两种新的式样，一种是头上球形大首髻，很长的裙腰翻折下垂如短裙，长裙裹腿，足微外露，披巾于肩后成大圆环上扬；另一种是在袒裸的上身加穿僧祇支（图53）。男供养人像的服装，一种是头裹折檐巾帻，发髻上插导簪，着红色裤褶（图54）；另一种是头戴高冠，身着披巾、深衣袍（图55），或戴卷檐高冠，着深衣袍（图56）。女供养人有的内穿襦裙，外罩圆领长袖大衣（图57）；有的是裙襦外加搭披帛（图58）；还有的上穿窄袖小衫，肩搭披巾，下系曳地长裙，束蔽膝（图59）。总的来说，人物、服装，以至房屋、树木、山石等形象，都进一步中原汉化了。

人物的形象、服装和晕染的方法，既有中原式，又有西域式。其中东王公、西王母（或帝释天、帝释天妃）在第三期出现时，曾是中原式和西域式兼而有之，但由于它们来自中原传统题材，到第四期继续出现时，即已完全表现为中原汉式。这一期的面部晕染方法，出现了两种新形式，一种是在两腮处将颜色涂成小圆环状（图60），另一种是在鼻、眼以及眉骨、下颏处涂白色；二者分别是中原式和西域式两种画法的演进。

总之，在第四期洞窟中，诸如洞窟形制，塑像组合，人物的比例、面相、服装、衣纹和面部晕染，以及图案纹样、色彩等各方面，都出现了第三期所没有的新形式，而且一些方面接近隋初的风格。这清楚地表明了第四期是晚于第三期，并与隋初洞窟有前后承接的关系。我们将第四期洞窟与隋初有开皇四年题记（第302窟）和开皇五年题记（第305窟）的洞窟加以比较，发现隋初洞窟的下列特点在北朝第四期中根本不见，如形制上，南、西、北三壁开龛的布局；下部半截中心方柱与自窟顶而下，上大下小的须弥山形相结合的形式；方口，平面为"凸"字形的"双重龛"；龛身显著升高；胁侍菩

图54 第428窟男供养人

图55 第290窟
佛传故事画中国王

图56 第296窟善事太子入海品故事画中国王

图57 第296窟
女供养人

图58 第296窟
女供养人

萨塑像进入龛内，等等。另外，隋初洞窟中，佛、菩萨、弟子的服饰种类更趋减少，形式单一化；衣纹衣褶的表现更加简练、写实；边饰纹样在图案组织和用色上，都更趋向活泼自由、富于变化。

既然第四期洞窟的许多特点不见于第三期，亦有某些形式到隋初即已消失，而且隋初开皇年间洞窟中的一些特点也尚未出现，因此第四期洞窟在时间上应介乎北朝第三期和隋初之间。结合敦煌的历史状况，我们大致估定其上限接第三期，即始于西魏大统十一年（公元545年）；下迄隋初开皇四、五年（公元585—586年）之前。就洞窟位置看，许多第四期洞窟同第三期洞窟比邻，第四期的第294、296、297、299、301诸窟，与开皇纪年洞第302、305窟南北连接。可以推想，第四期中的个别洞窟的具体历史年代可能上溯至西魏末，也有的洞窟可能晚到隋开皇初，但其多数，应属北周时期（公元557—581年）。《李君莫高窟佛龛碑》中所说"建平、东阳弘其迹"，"建平"即北周时曾任瓜州刺史的建平公于义[37]。莫高窟北朝第四期，建窟数量增多，艺术上也有所发展，这或许是建平公于义在敦煌地区弘扬佛教业迹的一种反映。

图59 第442窟女供养人

结　语

综上所述，我们将莫高窟北朝洞窟分为四期，它们是：

第一期 第268、272、275窟。相当于北凉统治敦煌时期，即公元421年至439年左右。

第二期 第259、254、251、257、263、260、487、265窟。相当于北魏中期，大约在公元465年至500年左右。

第三期 第437、435、431、248窟和第249、288、285、286、247、246窟。相当于东阳王元荣一家统治敦煌时期。即北魏孝昌元年以前至西魏大统十一年，即公元525年以前至545年前后。

第四期 第432、461、438、439、440、441、428、430、290、442、294、296、297、299、301窟，相当于西魏大统十一年至隋开皇四年，即公元545年至585年，主要时代当在北周时期。

以上所作概略的分析，有失周详和错误之处，敬希指正。

图60 第301窟壁画胁侍菩萨面相及晕染

③⑦ 同⑭.

四、五世纪的丝绸之路与敦煌莫高窟

冈崎敬

一 敦煌莫高窟的创建

在甘肃省敦煌县城东南30公里，面对宕泉河的断崖上，由南到北开凿的莫高窟，洞窟总数约492个，显示出敦煌曾经有过的兴盛。

这个石窟群并不是在同一时期开凿成的。据敦煌文物研究所调查[①]，现存洞窟是由北凉经北魏、西魏、北周，又经隋、唐和五代、宋及与其平行的张氏、曹氏政权，直至西夏、元，在大约一千年的漫长岁月间，陆续营造而成的。

关于莫高窟的创始年代，在中国的史书中几乎没有什么记载。只有到了唐代，才有一些关于石窟开创的资料。其一是巴黎国立图书馆所藏的唐代地方志《沙州土镜》残文（P.2961）[②]中，有永和八年癸丑创建石窟的简短记载。癸丑年，实际是东晋永和九年（公元353年），因笔误将九写成八，但癸丑却不容易笔误，所以正确的应该是永和九年。

另一个资料，是唐李怀让的《重修莫高窟佛龛碑》。这块碑原在莫高窟第14窟，是则天武后圣历元年（公元698年）李氏修缮石窟时所立。原碑于清末被毁，现在可以在敦煌文物研究所的陈列馆里看到碎成一大块、两小块的残件。

碑文记载："前秦建元二年（公元366年），有沙门乐僔，戒行清虚，执心恬静。尝杖锡林野，行至此山，忽见金光，状有千佛，……造窟一龛。次有法良禅师，从东届此，又于僔师龛侧，更即营建。伽蓝之起，滥觞于二僧。"其后，"复有刺史建平公、东阳王等各修一大窟，而后合州黎庶，造作相仍，……乐僔、法良发其宗，建平、东阳弘其迹，推甲子四百五岁，计窟室一千余龛"。

根据羽田亨氏的推断[③]，碑文中的东阳王，可以明确为北魏的瓜州刺史元太荣；其姓为元氏，应属北魏皇室成员。关于建平公，长期不得明确，据宿白氏所释[④]，知道是西魏、北周时的建平公于义。

还有一个资料，是莫高窟第156窟外侧北壁的《莫高窟记》。目前，该记文的相当一部分已经剥失，不能读到全文。但巴黎国立图书馆藏的《莫高窟记》与该碑文相同，文尾有"咸通六年（公元865年）正月十五日"的落款。看来，它是引自前述李氏《重修佛龛碑》，以乐僔、法良为石窟的开创者的。它又记述："晋司空索靖题壁号仙岩寺，自兹已后，镌造不绝"。文中的索靖死于西晋太安二年（公元303年），开凿石窟的活动能否追溯到当时，尚难肯定。

在东晋永和九年（公元353年）和前秦建元二年（公元366年），河西地区属于前凉时期，佛教极为兴盛。然而，到目前为止，还没有掌握三世纪或四世纪的洞窟情况。最早开凿的洞窟，可能早已崩毁或是已被后人改造。

据长期从事莫高窟调查的段文杰氏推断[⑤]，现存的最早石窟为北凉

① 施娉婷、舒学《敦煌莫高窟》，《文物》一九七八年第十二期. 常沙娜《敦煌の石窟芸術》（《人民中国》别册，1978—6）。

② 羽田亨《敦煌の千仏洞について》（《仏教美術》4，1924年，《羽田博士史学論文集》歴史篇所収，京都大学文学部，1957年，再刊，同朋舎，1975年）。

③ 羽田亨《敦煌千仏洞の営造に就きて》（《歴史と地理》20—1，1927年，前揭《羽田博士史学論文集》所収）。

④ 宿白《敦煌莫高窟早期洞窟杂考》，《大公报在港复刊三十周年纪念文集》，香港大公报1978年版。

⑤ 段文杰《早期的莫高窟艺术》（本卷）。

时凿造，其中第268窟这样的禅窟是最早的代表作。

又据樊锦诗、马世长、关友惠氏分析⑥，莫高窟北朝第一期洞窟是第268、272、275三个窟，它们在位置上南北相邻。

第268窟是呈长方形的单室，后壁置彩塑交脚佛像，南北侧壁各凿两个方形的小禅室。

第272窟是方形单室，后壁置倚坐佛像，侧壁上中下三段皆绘壁画。窟门外的两侧壁上造小龛各一，龛内分置禅僧塑像。

第275窟也是长方形单室⑦，在后壁置一交脚菩萨塑像，坐双狮座，高3.4米。南北两壁分上中下三段，上段龛内置交脚或半跏思惟像，中段画佛传或本生图，其中北壁为毗楞竭梨王本生图和尸毗王本生图，都是新疆维吾尔自治区克孜尔石窟的壁画上常见的题材，笔法也很接近。

第一期是禅窟，尚未出现塔庙窟，但已有交脚菩萨造像，以及富于西方色彩的优美壁画，时间是在五世纪前叶至中叶，大体相当于北凉时期。

北凉（公元420—439年）或相当于北凉时期，确实在甘肃省开凿过石窟。在河西走廊东部永靖县炳灵寺的第169窟，发现有西秦建弘元年（公元420年）的墨书题铭⑧。据《高僧传》记载，刘宋的永初二年（公元421年），长安僧昙弘曾隐居麦积山，故而天水市的麦积山石窟也应在公元420年即已出现⑨⑩。

二　河西王国的建立与敦煌佛教

前汉武帝时，将匈奴赶出河西走廊，在祁连山脉北麓的绿洲地带设置郡县，由汉人屯田或移居。今天的武威（凉州）、张掖（甘州）、酒泉（肃州）、安西（瓜州）、敦煌（沙州）等大的绿洲城，应该说是前汉武帝时打下的基础。

根据日比野丈夫的论述⑪，元鼎二年（公元前115年）设河西郡，元鼎六年（公元前111年）又设酒泉郡。元封年间（公元前110—105年），改称河西郡为张掖郡。天汉年间（公元前100—97年）又设敦煌郡。宣帝本始元年（公元前73年），由张掖郡分出武威郡。至此，武威、张掖、酒泉及敦煌所谓河西四郡便建立起来了。

近年来，以甘肃省文物管理委员会为首的调查队，对甘肃河西地区的汉、魏、晋墓进行了发掘调查⑫。在兰州、永登、古浪、武威、张掖、酒泉、敦煌等地发掘出汉墓。魏晋墓则出现在永昌、嘉峪关、酒泉和敦煌等地。

从武威县磨咀子62号汉墓中发现了丝绸和织锦等⑬。1969年，从武威县雷台的一座汉墓里发掘出青铜的群马⑭。除了车马、骑马像外，还有作昂首疾驰状的铜奔马，如同西域的天马。该组铜马中，有"守张掖长张君"的铭文，可知汉墓是后汉张掖郡张掖县之长张氏之墓。

在1972到1973年所调查的甘肃省嘉峪关市新城公社的古墓中，曾发掘出许多画像砖⑮，在1号墓（砖墓）南壁甬道门东侧的墓砖上，画着坐在台座上留有胡须的人物（墓主人）。他的左上及右上方，分别书写"段青"及"幼絜"字样。从出土的陶器看，1号墓为魏晋墓，墓砖上的画像，反映着当时的人物和风俗。汉代以来，段氏是河西地区有名的豪门。

⑥ 樊锦诗、马世长、关友惠《敦煌莫高窟北朝洞窟的分期》（本卷）。

⑦ 关于第272、275等窟的资料如：水野清一《敦煌石窟ノート·一，北朝窟について》（《仏教芸術》34，1958年，《中国の仏教美术》所收，平凡社，1968年）。佐和隆研《敦煌石窟の壁画》（西域文化研究会编《中央アジア仏教美术》西域文化研究第5，法藏馆，1962年）。

⑧ 郑振铎《炳灵寺石窟》序，文化部社会文化事业管理局1953年版。甘肃省文化局文物工作队《调查炳灵寺石窟的新收获》，《文物》一九六三年第十期。

⑨ 郑振铎《麦积山石窟》序，文化部社会文化事业管理局1954年版。名取洋之助《麦积山石窟》（岩波书店，1957年）。

⑩ 邓健吾《麦积山石窟と炳灵寺石窟》（井上靖·宫川寅雄编《中国の美术と考古》六兴出版，1977年）。

⑪ 日比野丈夫《河西四郡の成立について（《东方学报》京都25，1953年，《中国历史地理研究》所收，同朋舍，1977年）。

⑫ 中国社会科学院考古研究所图书资料室编《中国考古学文献目录》1949—1966，文物出版社1978年版。甘肃省博物馆《甘肃省文物考古工作三十年》，《文物考古工作三十年》，文物出版社1979年版。

⑬ 甘肃省博物馆《武威磨咀子三座汉墓发掘简报》，《文物》一九七二年第十二期。

⑭ 甘肃省博物馆《武威雷台汉墓》，《考古学报》一九七四年第三期。有关甘肃省河西走廊的汉人豪族与汉墓的情况可参考：白须净真《在地豪族·名族社会——一～四世纪の河西》（讲座敦煌3，池田温编《敦煌の社会》大东出版社，1980年）。

⑮ 嘉峪关市文物清理小组《嘉峪关汉画像砖墓》，《文物》一九七二年第十二期。

在敦煌郊区,也调查了汉至东晋的古墓。敦煌县文化馆在七里镇、杨家湾和五圣宫发现了汉墓[16]。在南州的西头沟和红土滩也有所发现。敦煌的魏晋墓,是在县城东南的佛爷庙、义园湾及城西的祁家湾发现的。

1944年,由夏鼐氏等调查过的佛爷庙东北1001号晋墓[17],地下有墓道和墓室,墓门上方砌砖,砖上绘有人物、动物或龙,全部画像砖共有559块。出土文物中,在两只壶上有朱书"翟宗盈"的字样,可知系翟氏夫妇的合葬墓。

1960年所调查的新店台1号晋墓[18]是单棺墓,出土的陶壶上墨书"升平十三年润月甲子,朔廿一(日)壬寅,张弘妻氾心容,(盛)五谷瓶"。升平十三年,相当于东晋太和四年(公元369年),属前凉张祚之子张天锡时期。张弘其人见于《晋书》,氾心容是他的妻子。张氏和氾氏均为敦煌的望族。

因后汉末年的混乱,敦煌郡有二十年没有派驻太守,当地豪族便趁机扩张势力。魏太和年间(公元227—232年),敦煌太守仓慈实行土地改革,抚恤贫民,给外国商人(杂胡)以贸易方便,也在敦煌经营贸易。

据《晋书·地理志》载,西晋时的敦煌郡,"户六千三百,统县十二",计"昌蒲、敦煌、龙勒、阳关、效穀、广至、宜禾、冥安、深泉、伊吾、新乡、乾齐"。

魏晋时,西域的形势也安定下来,置戊己校尉于吐鲁番盆地,在都善王国的首都楼兰和尼雅等地派驻军队,藉以守备和屯田,其首脑称作西域长史。敦煌作为汉族定居的西陲城市,通过丝绸贸易而取得繁荣。

自汉代以后,敦煌的豪门大户兴起,不仅中央知其名,有的还曾出任过洛阳中央政权的官职。后汉时出现过诸如盖勋、侯勤;魏晋时出现过如张恭、周生烈等学者;而西晋时出任洛阳的索靖、索綝父子,都是有名望的人物。

索靖,敦煌人氏,其父索湛为北地太守。靖年轻时即有超群之才,与同乡的氾衷、张甝、索紾、索永一同攻读于太学,海内驰名,人称"敦煌五龙"。靖博于经史,兼通内纬,善于草书,深受皇帝宠爱,以后虽擢为尚书郎,但却牺牲于太安年间(公元302—303年)的内乱之中,时年六十五岁,追赠司空。其子索綝任职长安令,在西晋亡时随愍帝投降前赵刘曜而被杀。

西晋时,出现一个敦煌出身的高僧竺法护,"其先月支人","世居敦煌"(《出三藏记集》卷十三、《高僧传》卷一)。他曾求法于西域诸国。后有罽宾文士竺候征若将经卷带到敦煌。他深究天竺语,又畅晋言,便在弟子法乘等协助下,于太康五年(公元284年)进行翻译。竺法护的译经和讲经活动舞台不限于敦煌,并下长安,建立佛寺,得到长安的望族们的归依和支持。后人颂竺法护为敦煌菩萨:"经法所以广流中华者,护之力矣",足见其足迹之广了。

四世纪初(公元316年),西晋崩溃,华北大混乱,北方民族相继建立小国。魏晋时已在开拓河西地区、并使地位得到巩固的汉族豪门,并不满足于以独立来维持他们的利益,他们还接受了来自中原的许多亡命者,通过这些人来掌握西域与中国内地的贸易。由于他们的保护,西域的佛教在这里扎下了根。

到了这时,志在中央求仕的河西名门,也纷纷舍弃仕途而回归乡里。

[16] 敦煌的这些汉墓虽未发表报告,但承蒙敦煌文化馆的荣思奇、韩跃成氏的好意,参观了这些墓葬的出土文物。

[17] 夏鼐《敦煌考古漫录(一)》,《考古通讯》一九五五年第一期。

[18] 敦煌文物研究所考古组《敦煌晋墓》,《考古》一九七四年第三期。冈崎敬《考古学上よりみた敦煌》(講座敦煌2,榎一雄編《敦煌の歷史》大東出版社,1980年)。

敦煌人范腾，举孝廉，居郎中，但在西晋末年之乱中辞官返回敦煌，抛弃五十万家财而隐居起来。西晋末到东晋初，在知名的隐居者中，有敦煌的索袭、宋纤、郭瑀和酒泉的祈嘉等。冢本善隆氏曾论述道："不少人以隐居而受人敬慕，同样被认为是隐逸者的出家修道的僧侣，就获得了被河西汉族社会接受的好机会"[19]。竺法护的弟子法乘由长安来到敦煌，建造寺庙，对敦煌地区的佛教事业建著功绩，并殁于此地。

西晋凉州刺史张轨，乘中原之乱首先在河西独立，实际上建立了前凉王国（公元301—376年）。苻氏的前秦（公元351—394年）灭了前凉，进而经吕氏的后凉（公元396—403年）、李氏的西凉（公元400—420年）、沮渠氏的北凉（公元401—439年），一直到北魏太延五年（公元439年）的太武帝（拓跋焘）征服北凉为止的约一百年间，延续着主要以凉州为都城的独立王国。

实际上开拓了凉州的张轨，是凉州（武威）的豪门，曾任统辖河西的西晋凉州刺史。西晋混乱时，中原人纷纷避难于河西，那是中国北部唯一安全的地域。张轨建设的姑臧城（凉州——武威），成为中国西北地区的文化中心，经学颇盛，据称学者宋纤有弟子三千众。当时张轨虽未称王，但其重孙张重华自称假凉王，重华兄张祚又自称凉王。后来张祚被臣下所杀，后继者张天锡在被前秦攻陷时投降于苻坚军中，前凉遂亡。

西晋时，吐鲁番盆地的戊己校尉势力强盛。戊己校尉赵贞无视前凉张骏的权威。驻楼兰的西域长史李柏[20]灭了高昌，但反被赵贞所破，咸和四年（公元329年）张骏亲自破了赵贞，于其地设高昌郡，置于前凉沙州刺史（敦煌）的管辖之下。

魏晋时取消了驻在鄯善国都城楼兰（LA）的西域长史之制。由前凉时起，高昌郡重新成为汉人在西域的前哨阵地，从而为由公元498到640年的高昌国奠立了基础。于是河西地区特别是敦煌的许多汉人来到此地，如高昌国末期的名门张雄[21]等，就是敦煌出身。

张骏时，国力充实，将龟兹、鄯善纳入辖下，并与焉耆、于阗修好。这就自然而然地使来自西域诸国的佛教兴盛起来。张天锡曾请月氏僧支施仑，在龟兹王的世子帛延及沙门慧常等协助下，翻译《首楞严经》、《须赖经》、《上金光首经》和《如幻三昧经》。

同时，道安于公元374年前后所编的《综理众经目录》中，有《凉土异经录》一项，其中记载：以《大忍辱经》十卷为首，录有59部79卷的经典。冢本博士认为，这些经典是属于本生、譬喻等说法性质的经文，或是实用性和道德方面的短篇经论，可能是向未出家的信徒宣讲用的经卷。

可见，到公元370年前后，河西地区的佛教活动，集中在前凉境内发展。据《魏书·释老志》载："凉州自张轨后，世信佛教。敦煌地接西域，道俗交得其旧式，村坞相属，多有塔寺"。由此看出，敦煌地处前凉的凉州境内，当然是佛教的中心。

公元376年，前秦苻坚灭掉前凉。公元383年，前秦大将氐人吕光远征西域各国，大破龟兹等国兵马，携当时住在龟兹的印度高僧鸠摩罗什，一同回到凉州。

在吕光远征西域的战利品中，除了两万余头骆驼之外，还有外国的珍宝及奇伎异戏、殊禽（珍贵的鸟类）怪兽千有余品，骏马万余匹。征

图 1　高昌古城1955年出土的波斯萨珊朝银币（上：沙卜尔二世；中：阿尔达希二世；下：沙卜尔三世。原载《考古》一九六六年第四期）

[19]　塚本善隆《敦煌仏教史概説》（西域文化研究会編《敦煌仏教資料》西域文化研究第1，法蔵館，1958年）。

[20]　羽田亨《西域長史李柏に関する文書》（《東洋学報》1～2，1911年，《羽田博士史学論文集》歴史篇所収。森鹿三《李柏文書の出土地》（《龍谷史壇》45，1959年，《東洋学研究》居延漢簡篇所収，同朋舎，1975年）。

[21]　岡崎敬《新疆アスターナの高昌国張雄家系の古墓》（《MUSEUM》338，1979年，《増訂東西交渉の考古学》所収，平凡社，1980年）。

图 2　巴米羊石窟的东大佛龛（大佛高38米）

㉒　藤枝晃《北朝写経》（《墨美》1962—7）。

㉓　史岩《凉州天梯山石窟的现存状况和保存问题》，《文物参考资料》一九五五年第二期。

㉔　水野清一、長広敏雄《雲岡石窟》第1～16卷，京都大学人文科学研究所，1951～56年。長広敏雄《雲岡石窟·中国文化史蹟》，世界文化社，1976年。

㉕　水野清一、長広敏雄《龍門石窟の研究》東方文化研究所研究報告書第16，座右宝刊行会，1941年，再刊，同朋舎，1980年。

西时深知西域贸易巨利的吕光，把高昌郡作为同西域进行贸易的根据地。吕光了解前秦必衰，于公元396年独立并建立后凉国，定都姑臧（武威）。

鸠摩罗什（公元350—409年前后）系当时在龟兹的印度贵族（其父）和龟兹王之女（其母）所生。九岁时，在印度西北学习小乘，其后又学了龙树的大乘教义。到了公元401年，后凉被后秦所灭，他被后秦王姚兴迎入，与中国学者一起专事译经，为中国佛教打下了基础。

后秦灭掉后凉，河西东部大乱，东部人纷纷避难于敦煌，敦煌人口增加了。法显于公元399年离长安，得张掖段业的施舍和敦煌太守李暠的资助，而抵达了鄯善（《法显传》）。

凉州汉人豪门李暠，从敦煌太守晋为凉公，于公元400年建立西凉国，公元405年建都酒泉。他与当时实力雄厚自称张掖公的匈奴尊长沮渠蒙逊势不两立，因此想要纠结河西地区的汉人豪门，特派沙门法泉为第二次前往南朝的使节，向东晋表示归顺。

大英博物馆所藏敦煌文书（S．797）中有如下记载：西凉建初元年㉒（公元405年）十二月五日，比丘德祐在敦煌城南受戒。有戒和尚法性、戒师宝宪、教师惠颖之名。同时受戒者有道祐、惠御等十二人。

建立北凉国的沮渠蒙逊，最初拥立建康太守段业，公元401年反过来攻占张掖，取而代之。公元412年占据姑臧，自称河西王。公元420年灭西凉，控制了从敦煌至高昌的西凉各部。

北凉同时与北魏、南朝通商，通过与西域各国的贸易，积聚了财富。蒙逊鼓励佛教。唐道宣所撰的《集神州三宝感通录》卷中，道世所撰的《法苑珠林》卷十三，载：凉州南山崖中造大佛像，为世人所惊叹。该佛像群，可以认为就是今天甘肃省武威县的天梯山石窟㉓。

北凉都城姑臧和敦煌，成为西域僧众必定在此驻足和宣讲教义的地方。印度僧人昙无谶（公元385—433年）经龟兹、鄯善到达北凉治下的敦煌，翻译了《大般涅槃经》、《金光明经》等大乘佛典。北魏太武帝要求北凉王沮渠蒙逊送昙无谶来北魏，蒙逊不允，反而将昙无谶杀死。

克什米尔僧人昙摩密多（法秀，公元356—442年）经龟兹来到敦煌，建精舍，植果园，使寺院大盛；又到凉州，修缮堂宇，"学徒济济，禅业甚盛"（《高僧传》）。

五世纪初，统一中国北方的北魏太武帝，于太延五年（公元439年）攻灭北凉，掳凉州民众十万余户，迁至北魏都城的平城（山西省大同）。此番吞并北凉，给北魏经济和文化的发展带来了意想不到的成果。北魏得以直接与西域开展贸易。虽有公元446年的灭佛之举，但公元453年颁诏复佛法之后佛教再度兴盛。公元460年以降，开凿了云冈石窟㉔，其倡导者是凉州僧昙曜。可以想见，他学到了许多河西地区石窟造像的样式。随后，公元495年孝文帝迁都洛阳，开凿了龙门石窟㉕，确立了中原的造像艺术风格。

三　石窟寺及其与西域的关系

四世纪中叶，前凉张骏杀了戊己校尉赵贞之后，在吐鲁番盆地设高昌郡，作为出入西域的根据地。张骏时，西域各国的佛教大量传入该地。张天锡时，已有龟兹王世子帛延的译经活动。公元383年，前秦符坚攻下龟兹，携名僧鸠摩罗什而归。五世纪初的北凉时期，印度僧人昙无谶、克什米尔僧人昙摩密多等经龟兹来到敦煌。值得特别注意的是，由前凉到北凉，敦煌由于来自龟兹的佛教活动而得到发展。

在这一历史时期，敦煌的汉族造型艺术，可由佛爷庙东北的晋墓和义园湾的晋墓而窥其一二。推断为北凉的敦煌第268、272、275等窟塑像和壁画，却使人瞠目而视。这种新的造型技法，出自西方艺人之手，看来从西域、特别是龟兹受益非浅。

在楼兰、米兰、尼雅的鄯善国地域，或在于阗等南路各国中，几乎看不到石窟寺，这是因为四世纪时，鄯善国已进入衰败时期[26]。

龟兹，根据玄奘《大唐西域记》所载："屈支国，东西千余里，南北六百余里。……伽蓝百余所，僧众五千余人，习学小乘教 说 一 切 有部。经教律仪，取则印度，其习读者，即本文矣"[27]。在西域各国中，龟兹的伽蓝数量是最多的。

寺庙中，今天仍然保存下来的石窟寺有拜城近郊的克孜尔石窟，库车近郊的森木塞姆石窟、克孜喀拉罕石窟，库车西南的库木吐喇石窟等。其中，最著名的是克孜尔石窟，据1953年的调查[28]，共有235窟。1973年又新增加一窟，现在共有236窟[29]。有相当一部分洞窟已 被破坏，现存较完整的计74窟。

这些石窟群，曾由德国的格林维德尔[30]和勒柯克[31]以及继承他们的研究成果的瓦尔德施米特做过调查。最早的窟型，是正方形窟室，窟顶呈穹窿形或斗四藻井式。方形塔柱式窟继其后。第一期的画家洞（Maler-höhle）、海马洞（Hjppokampen-höhle）、孔雀洞（Pfauen-höhle）、航海者洞（Seefahrer-höhle）等为公元500年前后所造；第二期的红穹窿洞（Rotkuppel-höhle）、音乐家洞（Musikchor-höhle）、骑士洞（Ritter-höhle）等为六——七世纪的遗构。

1961年，中国佛教协会和敦煌文物研究所，调查了新疆维吾尔自治区天山山脉以南的石窟。参加这一调查的阎文儒氏，把克孜尔石窟分为四个时期[32]。

其中第17、47、48、69窟，相当于第一期[33]。第47窟前室高16.3米的大龛，其塑像至少有16米高。第69窟有龟兹文题记。第二期有很多本生故事壁画；第三、四期前后承袭，均是斗四藻井顶。阎氏把第一期定在后汉末到魏晋，第二期为两晋，第三期为南北朝至隋，第四期相当于唐宋。但是，依我看第一期是否提得过早一些。

近几年，宿白、金维诺氏等正在重新调查克孜尔石窟，我们殷切期待着他们的调查成果。

公元439年，北魏吞并北凉时，沮渠安周因亡命高昌郡而成为统治者。公元498—640年左右，汉人麴嘉独立并建立高昌国，其都城即今吐鲁番县高昌古城(哈剌和卓)。现存内外二城，外城系维吾尔时所筑，内城中北侧有可汗堡（哈恩弗拉）的建筑物，在其东南靠近寺院的地方，曾出土具有沮渠安周承平三年（公元445年）年号的《北凉沮渠安周造寺功德碑》。地上的寺院里[34]，在W寺遗址的坐佛塑像及U寺遗址的木雕交脚像，与敦煌早期洞窟的造像样式一致。I寺遗址、α寺遗址K室等的壁画，保持着西方克孜尔石窟的风格，与敦煌早期所见一致。

在高昌古城北面的峡谷中，有吐峪沟石窟[35]和伯子克里克石窟[36]。前者属高昌郡、高昌国时期；后者主要是维吾尔占据时期所造。吐峪沟

[26] 長沢和俊《楼蘭王国史研究序説》（《シルクロード研究》，国書刊行会，1979）。楼兰出土汉文书中的纪年有嘉平四年（公元252年）和建兴十八年(公元330年)。尼雅有秦始五年（公元269年)的出土文物。

[27] 《大唐西域记》卷一。

[28] 阎文儒《新疆天山 以 南 的石窟》，《文物》一九六二年第七、八期。

[29] 樋口隆康《クチャ周辺の石窟寺院——壁画解説》（陳舜臣《西域巡礼》，平凡社，1980年）。

[30] A.Grünwedel: Altbuddhistische Kultstätten in Chinesisch-Turkistan, Bericht über archäologische Arbeiten von 1906 bis 1907 bei Kuča, Qarašuahr und in der Oase Turfan. Berlin, 1912.

[31] A.Le Coq & E.Waldschmidt: Die Buddhistische Spätantike in Mi-ttelasien, Ergebnisse der Kgl. Preussische Turfan-Expedition 7Bds. Berlin, 1922 23.

[32] 同[28]。

[33] 克孜尔石窟第17窟，即格林维德尔所谓"菩萨天井洞"，绘有许多本生图。关于本生故事可参看：干潟龍祥《本生経類の思想史的研究》（東洋文庫論叢第35，1954年），同《ジャータカ概観》（鈴木学術財団1972年）。樋口隆康，同[29]。中野照男《キジール第十七洞（菩薩天井洞）の壁画》（《MUSEUM》351，1980—3）。同《キジール第二期の本生図》（《美術史》104，1978年）。

[34] A. Grünwedel:Bericht über arch-äologische Arbeiten in Idikutsch-äri und Umgebung in Winter 1902—1903. München, 1906. 熊谷宣夫《西域の美術》（西域文化研究会編《中央アジア仏教美術》西域文化研究第5,法藏館,1962年）。

[35] 在斯坦因的报告中，收录着吐峪沟石窟和伯子克里克石窟的实测图。见：A. Stein: Innermost Asia, vol.III, Plans & Plates Oxford, 1928.

[36] A.Le Coq: Chotscho. 7 Bds. Berlin, 1913.

石窟的型制是塔庙窟和僧房，斗四藻井窟顶遍布绘画，与敦煌莫高窟的所谓藻井一致；壁画中的人物形象和服饰为克孜尔式样。有的洞窟用波斯萨珊朝的联珠猪头纹样作为装饰㊲。

位于高昌古城西北的阿斯塔那古墓，是前凉、西凉、北凉国的高昌郡时期古墓。这些古墓出土文物，与敦煌老爷庙东北及义园湾的形式一致，在这里还发现许多中国的丝织品㊳——锦、纱等。其交换物，可能就是西方波斯萨珊朝的银币。

据夏鼐先生的报告称：1955年春，从新疆维吾尔自治区吐鲁番县的高昌古城中，曾出土10枚波斯萨珊朝银币(图1)㊴，其中4枚为沙卜尔二世（Shapur Ⅱ，公元310—379年），5枚为阿尔达希二世（Ardashir Ⅱ，公元379—383年），1枚是沙卜尔三世（Shapur Ⅲ，公元383—388年）的银币。这10枚银币，是从一个煤精制成的石函中出土的。

另外，在高昌古城内，还曾挖出过沙卜尔二世银币10枚、阿尔达希二世银币7枚及沙卜尔三世银币3枚，总计20枚㊵。

此外，1957年在高昌古城内出土的2枚阿尔达希二世银币㊶，也属于同期遗物。

从巴基斯坦和阿富汗的实例㊷，或从河北省定县及陕西省长安县天子峪的实例来判断，上述出土10枚银币的石函，可能是属于佛塔内盛舍利的容器。

这些出土文物，可能是在沙卜尔三世或其以后不太远的时间埋进去的。正如前述，它相当于吕光征服龟兹等西域各国后建立后凉国（公元386年）的时侯，是连结波斯萨珊朝和西域诸国及高昌郡的纽带。

这种混杂在一起的货币，在阿富汗、巴基斯坦境内也发现过。

1933年，调查了位于阿富汗首都喀布尔东郊丘陵地带泰培·马朗查的古代寺院遗址㊸，寺塔旁出土过一组货币。其中，有属于贵霜王朝丘就却（Kujula Kadphises，公元一世纪）的货币；有波斯萨珊朝的货币，沙卜尔二世银币338枚，阿尔达希二世银币24枚，沙卜尔三世银币11枚，共计375枚；属于贵霜—萨珊的货币，有伐赫腊姆二世金币1枚及笈多的金币，但以沙卜尔二世、阿尔达希二世、沙卜尔三世的银币为主。这些货币，也许是随舍利而葬，或者是建塔时所献。在该地出土的立佛塑像、菩萨立像㊹，现存喀布尔国立博物馆内，能看出有印度笈多式样的影响，根据货币的年代，相当于四至五世纪之间。

在巴基斯坦的呾叉始罗，达尔玛拉迪卡寺院M5区，出土过沙卜尔二世银币57枚、沙卜尔三世银币75枚及其他货币，共计157枚㊺。当时的呾叉始罗小塔，饰以佛的塑像。

沙卜尔二世、阿尔达希二世、沙卜尔三世时期的阿富汗，相当于小贵霜（Late Kushan）、贵霜—萨珊（Kushano-Sassanid）时代，波斯萨珊朝承认贵霜的自治，当时营造佛寺也很兴盛。四世纪末期，寄多罗贵霜（Kidāra Kushan）兴起，开始建都于巴尔赫，后迁都至白沙瓦。这三代货币的埋入时间，可以认为相当于寄多罗兴起的时侯。

五世纪波斯萨珊朝卑路斯（公元457—484年）的货币，出土于河北省定县的北魏孝文帝太和五年（公元481年)的塔基舍利函中㊻。此外在青海省西宁市、西安市、广东省英德县也出土过。当时，阿富汗开始处于嚈哒的统治下，卑路斯与嚈哒保持着密切关系，北魏经过嚈哒与波斯萨珊朝进行往来㊼。

㊲ D.Klemenz: Nachrichten überdie von der Kaiserrichen Akademie der Wissenschaften zu St.Petersburg in Jahre 1898 ausgerüstete Expedition nach Turfan. St.Petersburg, 1899.

㊳ 新疆维吾尔自治区博物馆、出土文物展览工作组《丝绸之路——汉唐织物》，文物出版社1971年版。

㊴ 夏鼐《新疆吐鲁番最近出土的波斯萨珊朝银币》，《考古》一九六六年第四期。

㊵ 夏鼐《中国最近发现的波斯萨珊朝银币》，《考古学报》一九五七年第二期；收入《考古学论文集》（考古学专刊甲种第5），科学出版社1961年版。

㊶ 同㊵。

㊷ 岡崎敬《アフガニスタン・カブール市購入の1枚のローマ銀貨》（《史淵》108，1972年，增訂《東西交渉の考古学》所収）。该文论述了巴基斯坦的玛尼卡拉大塔、夏基开代里的喀尼希卡大塔、阿富汗的比玛兰大塔和阿亨波修塔等处的舍利函及其同出货币的问题。

㊸ R. Curiel & D.Schlumberger: Trésors monétique d'Afganistan(MDAFA.Tome XIV), 1953.

㊹ 宫治昭，モタメデイ遙子《シルクロード博物館》104，105頁（《世界の博物館》19，講談社，1979年）。

㊺ Sir John Marshall: Taxila, 3vols. Cambridge, 1951.

㊻ 河北省文化局文物工作队《河北定县出土北魏石函》，夏鼐《河北定县塔基舍利函中波斯萨珊朝银币》《考古》一九六六年第五期。

㊼ 夏鼐《综述中国出土的波斯萨珊朝银币》，《考古学报》一九七四年第一期。岡崎敬《ササン・ペルシア文化東伝の編年試論》（《オリエント》10—3・4，1970年，增訂《東西交渉の考古学》所収）。

石窟寺，最早是在印度营造的。在巴基斯坦的干达拉地区，除利用克什米尔·斯瓦特[48]的自然洞窟外，几乎看不到石窟。但在阿富汗，人们早已知道了贾拉勒阿巴德近郊的菲尔·卡那[49]、查哈·巴格、白沙瓦石窟[50]；巴米羊周围的巴米羊、卡拉克、弗拉迪石窟；海巴克近郊的塔赫梯鲁斯驮姆、哈扎尔萨姆等石窟。

水野清一氏等京都大学的调查队，在调查地上寺庙的同时，着眼于石窟寺的调查。福切（A.Foucher）及哈金（J.Hackin）[51]等人已调查过巴米羊石窟，樋口隆康氏[52]等的京都大学调查队，对巴米羊石窟进行了全面的摄影、测量和编号。

众所周知，在阿富汗石窟寺的编年问题上，甚至对于巴米羊的东、西大佛（图2），也还存在着分歧意见。这是今后的研究课题。若按中国方面的意见，估计可以编在四至五世纪。

巴米羊石窟中[53]，除了东、西大佛龛外，还有三个小坐佛的窟龛，塔洞极少。G洞有一个1米见方的塔，其南面绘壁画涅槃图，并有塑像，但据说在发现该石窟的当天就已崩毁无存。石窟有半球形圆顶、覆斗形顶、穹窿顶及平顶。半球状窟顶饰有弓状形体，可能是受波斯萨珊朝建筑的影响。同时，还采用波斯的联珠纹样。高达38米的东大佛对面左侧的D洞，饰以鸟衔珠的联珠纹样（图3），该纹样在克孜尔的最大洞（Grösste-höhle）里也同样见到。另外，在高昌古城K遗址南边的壁画上，也画有鸟衔珠的联珠纹饰。吐峪沟第38窟中也有呈放射状的猪头联珠纹分布着。在天山北路的石窟寺，可见遍布着浓厚的波斯萨珊朝的意匠，那是六、七世纪波斯萨珊朝所惯用的织物纹样[54]。

在阿富汗所见到的斗四藻井窟顶形式（图4、5），在龟兹克孜尔石窟、高昌吐峪沟石窟，以至敦煌莫高窟也都有着强烈的表现。但是，克孜尔的壁画却很独特，那是接受了来自吐峪沟、敦煌莫高窟的影响。

中国的云冈石窟、龙门石窟，石刻雕像有着独特的发展。莫高窟第428窟有龙门风格的塑像，这是反过来由东向西传播的表现。

中国自己的独特绘画风格，由敦煌莫高窟西魏洞窟壁画开始得到表现。第285窟平面呈方形，设三龛，中央龛内设坐佛及二菩萨，左右各龛置禅僧坐像。

左右壁各凿四个大而深的龛，是为僧人坐禅而设。这种禅定窟相当于印度的毗诃罗。

北壁深龛上方描绘了一列七铺佛和菩萨供养像；南壁绘得眼林故事画。故事表现遭擒的五百强盗被挖去双眼，释迦闻其悲声，令其复明，五百人于是悔过而入佛门。南北壁的长幅壁画，是中国的横卷画形式。但是，西壁的菩萨和伎乐人，却保留着克孜尔的画风和色调，这肯定是因为出之不同画工之手。这些作品也不是同一时代所绘。从壁画来看，有三组、三个阶段，从凿窟到完成可能费时几十年。据秋山光和氏推测[55]，北、东壁是西魏大统四、五年（公元538、539年）为画新的供养人而改画的作品。宿白氏认为其年代范围[56]，是东阳王元太荣控制敦煌时间（公元525年前至542年前）。在这个时期，汉人画工也来到敦煌，用中国式的技法绘制壁画。

[48] 水野清一ほか《ハイバクとカシュミル・スマスト》（京都大学イラン・アフガニスタン・パキスタン学術調査報告，1962年）。

[49] 水野清一ほか《ハザールスムとフィール＝ハーナ》（京都大学イラン・アフガニスタン・パキスタン学術調査報告，1967年）。

[50] 水野清一ほか《バサワルとジェララバード——カーブル》（京都大学イラン・アフガニスタン・パキスタン学術調査報告，1971年）。

[51] A. & Y. Godard & J. Hackin: Les antiquités bouddhiques de Bāmiyān, avecnotes additionasel de M. Paul Pelliot, (MDAFA, II), Paris & Bruxelles, 1928. J. Hackin & J. Carls: Nouvelles recherches archéologique à Bāmiyān (MDAFA,III). Paris, 1930.

[52] 樋口隆康《バーミヤーンの石窟》（同朋舎，1980年）。吉川逸治《バーミヤーンの壁画》（《国華》607・609，1941年）。宮治昭《バーミヤーン壁画の展開》（《仏教芸術》113・118，1972年）。

[53] 樋口隆康《アフガニスタンの仏教遺跡》（《続シルクロードと仏教文化》東洋哲学研究所，1980年）。关于苏联境内的中亚石窟寺，见：加藤九祚《中央アジアの仏教遺跡》（《中央アジア遺跡の旅》NHK ブックス，日本放送出版協会，1979年）。

[54] Л.И.Альбаум: Живопись Афрасиаба. Ташкент,1975. 穴沢咊光，馬目順一《アフラシアブ都城址出土の壁画の朝鮮人使節について》（《朝鮮学報》1976年）。

[55] 秋山光和《敦煌絵画の編年資料》（《東京大学文学部文化交流研究施設研究紀要》1，1975年）。

[56] 宿白《参观敦煌第二八五号窟札记》，《文物参考资料》一九五六年第二期。

图 3 巴米羊石窟 D洞内鸟衔珠联
珠纹饰（喀布尔博物馆藏）

图 4 巴米羊石窟的窟顶斗四藻井

图 5 弗拉迪石窟的窟顶斗四藻井

四 结 语

本文开头论述了魏晋以来，在敦煌培育了有实力的豪门。在古墓的铭文中，有张氏、氾氏、翟氏的姓名，从文献中则可以列出氾氏、张氏、索氏、宋氏、郭氏、李氏和曹氏等等。

北朝时期的营造者，据载有东阳王元太荣和建平公于义。北朝时期的造像铭极少，只能举出第285窟西魏大统四年（公元538年）的清信士阴安归及其一家和大统五年（公元539年）佛弟子、清信士滑黑奴及滑□安的名字[57]。阴氏系唐代以降常见的敦煌名门，但滑黑奴和滑□安可能是胡人。滑姓极少，可能出自滑国（嚈哒）。

池田温及土肥义和氏指出[58]，唐代的敦煌有张、王、安、索、曹五姓，加上李、康、氾、宋、阴，共有十姓。值得注意的是，其中多数在魏晋时已经出现。魏晋以来，敦煌就是一个拥有这些姓氏的豪门社会。

这些豪门信奉佛教和供养佛像，这无论是从各种文献和西凉建初元年（公元405年）的敦煌文书记载，或是从近年来发现的西凉时期经塔上[59]，都可以得到证实。

酒泉出土的西凉经塔中所见高宝合、程段儿、田弘、马德惠等姓名，尽管有的可能是少数民族，但多数是汉人姓名，他们为其父母而建经塔、造佛像，以供养之。

当然，也有月支人居住在敦煌，例如竺法护。住在敦煌的还有不少西域胡商[60]。他们不仅在寺院，而且同此后自唐、五代至宋莫高窟的营造者张、李、阴、宋、索、曹诸氏所代表的汉人，紧紧地结合在一起了。

然而，我们在新的石窟寺营造工程中，看到了远比在晋墓中所见到的绘画等造型技术更为高级的水平。丝绸之路的主要通道，正是四世纪到五世纪由敦煌经高昌前往龟兹的道路。许多外国僧侣也都是首先从龟兹来到敦煌的。学习了龟兹等地的技术，才能以禅窟的形式开始了敦煌莫高窟第一期洞窟的凿建。

[57] 同[55]。
[58] 池田温《八世紀初における敦煌の氏族》（《東洋史研究》24—3，1971年）。
[59] 王毅《北凉石塔》，《文物资料丛刊》第一辑（1977年）。
[60] 从敦煌西烽燧发现的西方粟特文书简，据推断是公元二世纪的遗物，表明公元七、八世纪在敦煌曾有粟特人的部落，但后来没有继承下来。榎一雄《外国人の記録に見える敦煌・2ソグド商人の手紙》（講座敦煌1，榎一雄編《敦煌の自然と現状》大東出版社，1980年）。池田温《八世紀中葉に於ける敦煌のソグド人聚落》（《ユーラシア文化研究》1，1965年）。

图版说明

段文杰　施萍婷　霍熙亮

1　莫高窟外景
2　莫高窟之晨
3　三危山朝霞

北 凉

（公元421—439年）

4　第268窟　窟室内景

此窟为早期禅室，窟形窄长，平棊顶，西壁开一龛，南、北壁各有禅室两间。壁上千佛为清代重画。从剥落处露出的底层壁画残迹看，原来可能是故事画。窟门残破，洞窟形制不完整，是敦煌现存的最早洞窟之一。

5　第268窟　窟顶平棊（部分）

这是莫高窟唯一的仿木构平棊装饰，为泥塑叠涩式，每方约0.9米见方，共套叠三层，中心饰莲花，内层岔角画火焰与化生，外层岔角画四飞天，造型朴拙。

6　第268窟　西壁

龛内交脚佛像，一般认为是弥勒佛，高0.76米，着右袒袈裟。龛内两侧画供养菩萨。龛楣饰火焰纹，两端画爱奥尼亚式柱头，这是莫高窟唯一的希腊式柱头。龛外两侧画胡跪供养菩萨，上方二飞天。龛下为供养人像，壁画重层，壁面剥落处显示底层画已模糊不清。表层上排南侧女供养人，一着汉式大袖裙襦，一着汉胡混合式小袖衫裙。北侧男供养人，均着汉式深衣袍，为汉晋衣冠遗制，与敦煌、酒泉魏晋十六国墓葬壁画中人物衣冠相似。

7　第272窟　窟室内景

西壁居中为圆券大龛，龛楣两端有兽头圆柱承托。龛内塑善跏佛像，高1.38米，头部经后代重修。善跏佛像，一般认为是未来佛弥勒佛。佛像身光装饰火焰、忍冬、千佛和飞天，两侧绘侍立菩萨。龛外南、北侧满绘坐式供养菩萨，手式灵巧，舞姿婀娜，两侧各二十身无一相同，造型极为优美。窟顶略带穹窿形，又有叠涩式藻井，是穹窿顶向覆斗藻井顶演变的过渡形式。藻井饰莲花火焰及飞天，桁条饰忍冬边饰。藻井四周为天宫伎乐。南、北、东三披，天宫栏墙以下，画飞天及千佛。

8　第272窟　北壁上层　飞天及千佛

飞天，梵名犍达婆，又名香音神，是歌舞、散花神。这几身飞天，造型粗犷、豪放，色彩质朴厚重。

9　第272窟　西壁龛内南侧　胁侍菩萨

龛内佛像两侧画胁侍菩萨，各戴三珠冠，项饰璎珞，肩披彩巾，腰束长裙。

10　第272窟　西壁龛内北侧　胁侍菩萨

11　第275窟　西壁

窟室平面呈长方形，无前室。窟顶为纵向人字披形，起脊较宽。西壁塑交脚菩萨像，高3.34米，是早期最大的彩塑。其右手残，左手置膝上作"与愿印"，头戴化佛冠，项饰璎珞，腰束羊肠裙，裙上褶襞中间有阴刻线纹，坐狮子座。交脚菩萨，一般认为是弥勒菩萨。塑像面相丰圆，神情庄静，一定程度上表现出西域佛教艺术的影响，具有十六国时代造像的显著特征。塑像背后有敷设锦褥的三角形背靠。两侧画胁侍菩萨与供养菩萨。背靠上方的供养菩萨均作半跏趺坐，右手扬掌作"施无畏印"。背靠下两侧伫立胁侍菩萨，头戴花蔓冠，胸前有双龙含珠项饰。菩萨面部呈现的大黑圈是晕染变色后留下的痕迹。这种晕染方法系由西域式明暗法演变而来。西壁上部壁画及塑像头光、裙上花纹为宋代重画。

12　第275窟　北壁

南、北两壁上部西起各为二汉式阙形龛和一树形龛。窟室被后代筑墙隔成前后两部分，树形龛被隔在前部。前部原壁画均已无存。后部阙形龛，屋顶瓦棱用泥塑成，画出斗拱、木椽，龛内均塑交脚菩萨像，与本尊造型相同，皆为弥勒菩萨。在中层忍冬边饰以下，画故事画，下方画供养行列，最下饰三角形垂帐纹。北壁故事画为毗楞竭梨王本生、尸毗王本生和月光王本生，尸毗王本生居中。故事说：有鹰逐鸽，鸽逃至尸毗王处求保护。鹰向尸毗王索取说，若不还鸽，亦将饿死。尸毗王为了两全其生，乃割肉赎鸽。鹰求肉与鸽体同重。王身肉将尽，其重犹不如鸽，遂举身坐秤盘内。画面中部画尸毗王，重点表现了割肉和过秤这两个相连续的主要情节。北壁本生故事画下方画供养人，均戴圆形高帽披帻，上身穿交领窄袖褶，腰束带，下穿大口裤，乌靴。此为北方少数民族常服，通称胡服。供养人均作合掌献花状，身前有白色小方块，为题名榜子。这是中原汉晋画像的传统形式，被延用在石窟壁画中。

13　第275窟　北壁中层　毗楞竭梨王本生

尸毗王本生以西，画毗楞竭梨王本生。故事说：有一婆罗门名劳度叉，自称如有愿以千钉钉其身者，即为之说法。毗楞竭梨王心好妙法，由劳度叉以钉钉其身，事后成佛。画面上婆罗门执钉挥锤向国王胸部钉钉，地上跪一眷属，托腮作悲伤状。

14　第275窟　北壁中层　月光王本生

尸毗王本生以东，画月光王本生。故事说：月光王乐善好施，驰誉诸国。有一小国国王毗摩斯那心生忌妒，欲加害于月光王，重赏募婆罗门，许能得月光王头者，"分国半治，以女妻之"。有劳度叉应征，至月光王处乞头。

月光王允之。劳度叉持刀欲砍头，被树神以神通力惩治，令"其项反向，手脚缭戾"。月光王即向树神说，我于此树下曾以头施人九百九十九次，施此一次，即满千数，遂由婆罗门砍头而去。图中为月光王施头情节，前有一人胡跪以盘盛三头，以示施头千次。

15 第275窟 南壁

南壁布局与北壁大体对称。中层忍冬边饰下画佛传故事悉达太子出四门，现存二门尚不完整，部分为清代穿洞所毁。下方与北壁供养人相对，画供养菩萨一排。最下饰三角形垂帐纹。所画供养菩萨，虽笔法粗犷，但手势、姿态多变化。

16 第275窟 南壁中层 出游四门（部分）

佛传说释迦牟尼降生于净饭王家为悉达太子时，曾出四门游观，见人间生老病死诸苦，乃立志出家。南壁画出游四门，仅存西段出南门路遇老人。以东为出北门路遇比丘，惜残损。

17 第275窟 南壁上层 菩萨

南壁上层二阙形龛之间画菩萨立像

18 第275窟 北壁上层 交脚菩萨像龛

南、北两壁上层四个阙形龛内容和形式略同，均塑交脚菩萨，表现弥勒高居兜率天宫。北壁西端阙形龛内交脚弥勒像，头戴三珠宝冠，保存较完整，高0.81米。弥勒像三角形背靠后各画一对穿窄袖长袍的侍者，或擎花枝，或举拂尘。

19 第275窟 北壁上层 半跏菩萨像龛

被后代筑墙隔出的窟室前部南、北壁上层各开一双菩提树龛，内容相同，相互对称。此为北壁双菩提树龛，以浮塑忍冬纹为双菩提树楣饰，龛内塑半跏坐思惟菩萨像，高0.78米，其面部及龛内均经宋代重绘。这里的思惟像，可认为是弥勒下生阎浮提后，坐龙华菩提树下修成佛道的场面。

北 魏

（公元439—535年）

20 第259窟 西壁 二佛并坐像龛

此窟为现存北魏最早洞窟，西壁前凸部分为半个塔柱形，正面龛内塑释迦、多宝并坐说法像，左像高1.4、右像高1.43米，均作"游戏坐"。法华会上，有多宝塔踊现其前，释迦依会众之请，开启塔门，多宝佛于其内分半座请释迦佛入塔，二佛并坐。这是法华经见宝塔品中的情节。此窟前部为人字披顶，后部平棊顶，形制同中心塔柱式窟有类似处，但西壁前凸半个塔柱的形式独特，与中心塔柱迥然不同；显然，它所表现的是多宝塔的特定内容。佛像头部虽经后代重修，并未完全改变原形。佛像皆着右袒袈裟，突出的衣褶中间有涡纹装饰，出现了新意。龛外南、北两侧，各塑菩萨二身，北面为"左展"像，南面为"右展"像，形成对称格局。龛顶，释迦多宝并坐像宝盖

上方，八身飞天相向而飞，攒聚一起，其中半数着通肩袈裟。龛上饰影塑，惜全部残毁。

21 第259窟 西壁龛外南侧 菩萨

菩萨立像，高1.29米，戴令胜冠，冠后垂金帻，着披巾长裙，面相略长而丰满，双耳垂环，璎珞严身。帔巾及裙上，多饰阴刻线纹，以增强轻薄流畅的质感。

22 第259窟 西壁塔柱北向面 菩萨（部分）

半个塔柱北向面菩萨立像的头部。除眼睛经后代重修且稍有残缺外，其余仍保持北魏原貌。立像高1.25米。

23 第259窟 北壁

北壁双层开龛。上层为阙形龛，人字披下居中为半跏思惟菩萨，东端一龛残毁过半，西侧二龛内均塑交脚弥勒菩萨。下层为圆券龛。西起第一龛，龛内佛像高0.85米，着右袒袈裟，结跏趺坐，双手已残，似扬掌作说法相；两侧胁侍菩萨均着通肩大衣，其一残，龛楣饰忍冬火焰图案，两端饰龙头，下为西方陶立克式柱头。第二龛内塑一佛二菩萨，佛为善跏坐说法像，高0.96米；二菩萨皆残；龛两侧塑束帛圆柱，以承托忍冬火焰纹龛楣，这是北魏时期普遍采用的一种形式。第三龛楣饰龙头均已残毁，龛内佛像为结跏坐禅定像，高0.92米；西侧残存胁侍菩萨一身。各龛之间壁画为供养菩萨、千佛等。人字披下画一佛二菩萨及飞天八身，为说法图。下层龛以下画药叉一排，已漫漶不清。此窟前壁坍毁，南壁大半残损。从南壁仅存部分看，格局同北壁近似。南壁上层西侧存二阙形龛，内塑交脚菩萨，西侧下层存一圆券龛，内塑结跏坐说法像。

24 第259窟 北壁上层 半跏菩萨像龛

人字披下，北壁上层西起第三龛内塑半跏坐思惟菩萨，高0.76米。阙形龛已部分损毁，露出了木榫，塑像残破处露出芦苇和支架，从中可以了解制作的情况。

25 第259窟 北壁下层 佛龛

全窟诸龛中，在艺术表现上，以北壁下层西起第三龛为最佳。龛内禅定佛像，微微含笑，深沉恬静，内心活动表现深刻。眼睛虽经后代重修，但仍不失原作精神。

26 第254窟 窟室内景

中心塔柱式是敦煌北魏洞窟的主要形式。中心塔柱象征佛塔，供僧侣禅观、善男信女绕塔巡礼观像。此窟是敦煌最早的中心塔柱式窟，前部为人字披顶，人字披南北两端有木质斗拱承托檐枋和脊枋，完全摹仿传统的木构建筑形式；后部为平棊顶，中央有中心塔柱由地面通连窟顶。塔柱四面开龛。东向面开一大龛，为窟内主龛。龛内主像交脚弥勒佛，高1.90米，波状发髻，金身，内着僧祇支，外着右袒袈裟，薄衣透体。龛内火焰头光身光两侧画供养菩萨，其下分别画鹿头梵志和婆薮仙，并塑胁侍菩萨各二身。龛顶画飞天。龛楣饰化生童子出莲花。龛楣两端塑翼龙，下塑束帛柱承托。龛外塑二胁侍菩萨，现仅残存北侧一身。龛上和两侧影塑供养菩萨大多残损，仅存数身。塔柱南北西三面开双层龛；南、北向面上层为阙形龛，塑交脚弥勒菩萨，下层为圆券龛，塑佛坐像；西向面上下层皆

为圆券龛，塑禅定佛像。南北两壁上层亦开龛，前部人字披下各开一阙形龛，塑交脚弥勒菩萨；后部上层各开四圆券龛，塑禅定像二身、说法像二身。四壁龛以上画天宫伎乐，龛以下画故事画及千佛。四壁最下层及中心柱塔座上均画药叉。

27 第254窟 中心柱东向龛内南侧 婆薮仙
婆薮仙属外道仙人，原是一个厌世出家的国王，被人利用，曾说天祀内可以杀生啖肉，因而受堕地狱之苦，后由菩萨之力解脱，于是诣佛所皈依。图中画婆薮仙手执一鸟，示有杀生之罪。

28 第254窟 中心柱东向龛内北侧 鹿头梵志
鹿头梵志亦是外道仙人，善医术，能听叩打髑髅之声而知男女性别、死亡原因等。佛取罗汉髑髅与之，鹿头梵志竟不能识，因而拜服，为佛弟子。佛教把他作为被降服的外道画在佛像的一侧，与婆薮仙相对。手中持髑髅是他的特征。

29 第254窟 中心柱东向龛下塔座 药叉
药叉是佛教的护法神，据说勇健、轻捷、能啖鬼，多画在中心塔柱和四壁的下层，以示回护之意。

30 第254窟 西壁中央 白衣佛
佛的袈裟颜色，赤色是威猛除障之色，白色是清静慈悲之色。白者即菩提之心。敦煌的北魏洞窟内曾有数身白衣佛，都画在西壁。此图保存完好，晕染痕迹犹在，有立体感，保留着犍陀罗佛像衣纹的影响。

31 第254窟 北壁前部中层 难陀出家因缘
释迦牟尼异母弟名难陀，有妻孙陀利美艳无比。释迦命剃师为难陀剃发，强迫出家。难陀留恋妻子，心怀思念。一日偷跑回家，被释迦发现，将他唤回，严加训戒，又领他遍游天宫，观诸天女，复游地狱，见汤镬之刑。难陀悔悟，即一心从佛出家，成为罗汉。图中佛像右下的比丘即难陀，东西两下角表现难陀与妻子的依恋之情。表现上与新疆克孜尔石窟壁画几乎相同，唯此图场面更为宏伟、丰富。画这个故事，敦煌仅此一幅。

32 第254窟 北壁后部中层东端 尸毗王本生
北壁中层故事画二幅，东端难陀出家因缘西侧，画尸毗王本生。图中以割肉场面居中，上为老鹰逐鸽，右为眷属惊惧哀劝，左为臣民敬仰赞叹，左下一人持秤、着胡服。画面突出主题，在艺术表现上比早期的第275窟北壁尸毗王本生已有显著的进步。

33 第254窟 南壁前部
仿木构建筑的人字披，保存着木质斗拱。人字披下开阙形龛，内塑交脚弥勒菩萨。龛下大幅故事画，为降魔变。佛传中，释迦牟尼的诞生、降魔、成道、涅槃等四个主要事件，称作"四相"。释迦将成道前，天魔波旬率领三个女儿及魔军至佛所，诱以女色，又以武力进行威胁，企图破坏释迦成佛的决心。此图是敦煌石窟最早的一幅降魔变。图中释迦牟尼，结跏趺坐，左手执衣裙，右手作

"指地印"，泰然自若。佛右侧拔剑者为魔王波旬，着盔甲，怒视释迦。身旁小儿为波旬之子，正从中劝阻。其身后三个女儿，龟兹装，戴宝冠，披大巾，身穿半袖外套背子，腰束长裙，搔首弄姿，作诸妖媚。释迦以神通力，将她们变为丑怪，即左侧所绘。上部两侧画剑拔弩张、气势汹汹的魔军。释迦以手指地，大地震动。群魔头脚颠倒，于恐惧中跪地投降。

34 第254窟 南壁前部上层 交脚菩萨像龛
弥勒高居南壁人字披下阙形龛中，高1.06米。胸前的双龙含珠项饰系在敦煌石窟塑像中初次出现，此种装饰来源于犍陀罗雕刻。

35 第254窟 南壁前部中层 降魔变（部分）
南壁前部降魔变图中释迦右侧的魔军，有象头、羊头、虎头，甚至以乳为目，以脐为口，狰狞怪异。他们以各种兵器发起进攻，矢刃未近佛身即已断折。

36 第254窟 南壁后部中层东端 萨埵太子本生
萨埵饲虎是中国早期佛教艺术中最流行的题材之一。故事说：国王大车的三个儿子，一日入山狩猎，见一母虎领数幼虎，饥饿逼迫，将食其子。三太子摩诃萨埵愿舍身救济，以干竹刺颈出血，投身崖下，以身饲虎。二兄以萨埵饲虎事还告父母，国王及夫人赶至山谷，抱尸痛哭，收拾遗骸起塔供养。这幅画造型生动，构图严密，具有强烈的悲剧气氛，是早期故事画中的一件杰出作品。图中上段中部为三个太子见饿虎，上段西部画萨埵刺颈和投崖，下段西部为饲虎，下段东部画二兄见尸骸并还告父母，上段东部画父母抱尸痛哭和起塔供养。

37 第254窟 南壁后部中层东端 萨埵太子本生（部分）
萨埵太子以身饲虎场面。

38 第257窟 窟室内景
前部为人字披顶。后部为平棊顶，中央有中心塔柱，塔柱东向面开一圆券大龛，内塑善跏坐说法像，高1.87米，着右袒袈裟，衣纹用贴泥条加阴刻线表现。背后身光、项光青绿交辉，其中装饰火焰纹及飞天、化生。龛内两侧分上下三层画供养菩萨各十身，举手、合掌、托腮、对谈等动作，神态富于变化，造型准确，勾勒和晕染有立体感。龛顶画飞天。龛外北侧存天王一身，这是当时新出现的题材。龛楣装饰莲花化生图案，两端的双龙装饰是我国传统艺术中常见的形象。塔柱南西北三面各开上下二层龛，南向面上层阙形龛内塑半跏菩萨思惟像，下层双树圆券龛内塑苦修像（头残），龛外两侧塑菩萨各二身。西向面上下层皆为圆券龛，内塑禅定像，龛外两侧塑像俱失。北向面上层阙形龛内塑交脚弥勒菩萨，下层圆券龛内塑禅定像，龛外菩萨塑像东侧存二身，西侧存一身。塔柱壁影塑供养菩萨大多残损脱落。此窟东壁塌毁。南西三壁最上层画天宫伎乐，最下层画药叉。中层壁画，南壁前部画毗卢舍那佛一铺，后部画千佛，其中以小幅画阙形塔内立佛一铺，以下画故事画沙弥守戒自杀缘品；西壁画千佛，其中以小幅画说法图，以下画鹿王本生和须摩提女缘品；北壁后部画千佛，其中以小幅画阙形塔内立佛一铺，以下续

画须摩提女缘品，前部画说法图。

39　第257窟　中心柱南向面上层　半跏菩萨像龛
阙形龛檐下塑出帷幔。龛内半跏坐弥勒菩萨，高0.92米，上身微俯，右手以一指轻轻支颐，作思惟状。火焰纹背光两侧各画一供养菩萨及化生等，线描熟练、遒劲。

40　第257窟　南壁后部中央　佛一铺
南北两壁千佛之中图画阙形建筑，屋脊上立一塔，上挂二幡，阙内悬帐幔，画一佛二菩萨，佛着通肩袈裟，立于莲花座上，身光为火焰纹。画幅较小，亦是释迦成道之后说法教化弟子的场面，但画在阙形建筑内，形式上不同于一般的说法图。

41　第257窟　北壁前部　说法图（部分）
洞窟前部人字披下画大型说法图，是敦煌北朝时期十分普遍的形式。此图与南壁前部的毗卢舍那佛一铺相对，因前壁坍塌而大部残损，现存部分佛头部已漫漶，右侧供养菩萨及飞天姿态各异，造型生动。

42　第257窟　后部平棊顶（部分）
后部中心塔柱四周的窟顶，全部以壁画影作建筑上的平棊结构。这是后部窟顶东南角上的一方，用各种图案纹样为边饰，外层四角画飞天，中层四角画山形火焰纹，中心方井则以四天人在莲池中裸泳的形象作为装饰，这种独特的处理方式和当时画工描绘人体的熟练技能是很值得注意的。

43　第257窟　南壁后部中层　沙弥守戒自杀缘品
故事说：有一长者，笃信佛教，送子至比丘处出家为沙弥。一施主，每天为比丘供食。有一日，施主外出赴宴，留其女守家。比丘令沙弥前往乞食，少女见而倾心，求与沙弥婚配。沙弥心志坚定，宁舍身命，不舍佛法，哄走少女，寻机自杀。少女见其身死，悲呼哀泣。施主回家，女儿具以实告。施主将此事呈报国王，并愿依国法纳款赎过。国王为表彰沙弥守戒自杀，火化其尸，起塔供养。此图自南壁后部东端起，分别表现：长者送子出家削发为沙弥；长者着汉服，戴胡帽。比丘令沙弥前往乞食。少女开门迎沙弥，一见倾心。沙弥守戒自杀，少女哀恸。少女向父亲陈述事情经过。少女的父亲向国王交纳赎金。沙弥火化。为沙弥起塔供养。西端的两个画面尚有待考释。

44　第257窟　西壁中层　鹿王本生与须摩提女缘品之一
故事说：美丽的九色鹿从恒河中救起溺水的人。溺人为报答九色鹿救命之恩，愿为它保密行止。皇后夜梦九色鹿，欲得其皮作褥，得其角为饰。国王悬赏求鹿，溺人贪图富贵，背约告密，并带领国王前往射猎。鹿见国王，慷慨陈词，诉说溺人忘恩负义。国王深为感动，斥责溺人，并下令保护九色鹿。西壁中层千佛以下故事画的南段为鹿王本生，情节由两头向中间铺陈。南端是故事的开始，画鹿王救溺人；溺人拜谢，立下诺言。画面的北端是故事的第二部分情节，表现王宫内着龟兹装的皇后给国王说梦，并要国王为她捕捉九色鹿。宫门外，溺人为获重赏而前来告密。由此以南画溺人作向导，国王乘马车前往猎鹿的情

景。当溺人以手指鹿时，立即得到恶报，全身长满疮疥。马车和溺人的前方，是故事的结尾，画国王到来，鹿王酣睡不觉；继而惊起，向国王陈诉。图中鹿王神态从容，菩萨装的国王骑胡马，静听鹿言，身后有侍者举华盖。这幅壁画构图完整，形象优美生动，是敦煌早期故事画中的优秀作品。

鹿王本生以北为须摩提女缘品。故事说：须摩提女虔诚敬佛，父亲将其许配满富国长者满财之子。过门之后，六千梵志前来赴宴。须摩提女因信仰不同而拒绝施礼，继而卧床不起。满财长者要求请佛来见。须摩提女遂焚香请佛。佛"遥知其意"，欣然受请，与众弟子一起赴会。诸弟子现各种化身飞来满富国。释迦当众说法，超度众梵志与众人皈依佛教。这幅壁画由西壁中层北段起，延伸到北壁中部。紧接鹿王本生的北端，画一四方大宅院，前后起重楼，中间堂室帷幔下为满财长者接待众梵志，后面楼下室内表现须摩提女高卧不起，顶楼小阁中画须摩提女焚香请佛。宅院以北画佛派来的使者乾荼等背负大釜及诸般炊具先行到来，满财长者和须摩提女出门迎接。使者们身后为佛弟子均头沙弥化作五百花树前来赴会。

45　第257窟　北壁后部中层　须摩提女缘品之二
北壁后部中层续接西壁画须摩提女缘品，内容是佛与众弟子赴会，自西起依次为：佛弟子般特化五百青牛，罗云化五百孔雀，迦匹那那化五百金翅鸟，优毗迦叶化五百龙，须菩提化作琉璃山，大迦旃延化五百白鹄，离越化五百虎，阿那律化五百狮子，大迦叶化五百马，大目犍连化五百象前往赴会；最后，释迦在众弟子及金刚力士等簇拥之下，前往满富国赴会说法。图中以五代表五百之数，众弟子结跏趺坐于所现化身之上。浩浩荡荡的赴会形象，包括西壁北端的均头沙弥在内共为十二组，横列在壁面上，具有很强的装饰效果。以上三幅故事画画面高约0.6米。

46　第251窟　窟室内景
前部人字披顶，饰莲花化生。后部平棊顶，饰莲花藻井图案。前部中央有中心塔柱。塔柱东向面开一圆券大龛。龛楣饰黑白相间、青绿交辉的忍冬，中央绘一身从仰莲中生出平伸两臂的化生童子，两侧花叶间点缀四个化生形象。龛内善跏坐佛像，高1.97米，头部系晚清重塑。龛外两侧各塑一胁侍菩萨。塔柱南西北三面各开双层龛，下层均为圆券龛，内塑禅定像，龛外两侧塑胁侍菩萨。南、北向面上层为阙形龛，塑交脚菩萨像。西向面上层为双树圆券龛，塑禅定像。塔柱四壁残存影塑供养菩萨若干。此窟东壁门上开一窗。四壁自上而下画天宫伎乐、千佛和药叉。南北两壁前部和后部千佛中均画说法图。

47　第251窟　中心柱东北角上部及平棊顶
显示中心塔柱东北隅上方。塔柱上部残存影塑供养菩萨，北向面可见双层龛，上层为阙形龛。窟顶平棊中心方井绘莲花与水涡纹，外层四角以白地四莲花与四飞天相间配置。

48　第251窟　北壁前部　说法图
北壁前部画大型说法图，巧妙地利用人字披下的山形空间，以对称的格局，画一佛、二胁侍菩萨和四供养菩

萨、四飞天。西侧彩绘立柱一根，上以彩绘木质斗拱支撑横梁，既表示对木构建筑的摹仿，又起着把壁画说法图与后部壁面千佛分隔开的装饰作用。南壁前部说法图稍有不同，主要形象为一佛、一力士（西侧）、一弟子（东侧），这样的组合比较少见。

49 第251窟 南壁上部 天宫伎乐及千佛

莫高窟早期的伎乐天，多画在四壁上沿绕窟一周的楼阁建筑内。天宫楼阁的形象，由西域式的穹窿建筑和汉式有斗拱构件的阁台栏墙结合而成。身姿各异的舞乐天人，在各自拱门前载歌载舞，造型活泼优美。这是南壁大型说法图以西的一段，东侧一身弹曲颈琵琶，最为生动。

50 第251窟 南壁下部 药叉

药叉在窟室下层，多画在山岳之间，取义为坚牢地神，它与画在石窟顶端的天宫伎乐形成鲜明对比，除了佛教教义上的需要外，也很富于装饰意味。

51 第263窟 南壁前部

此窟前部为人字披顶，后部为平棊顶，后部中央有中心塔柱。洞窟原为北魏所建，以后经五代增修，又经西夏早期改建。现塔柱仅东向面有一龛，为盝顶帐形龛，龛内西夏塑像七身。四壁经用草泥覆盖前代壁画后遍绘千佛，窟顶画团花图案。本世纪四十年代始部分剥除表层西夏壁画，露出底层原画。由于封闭了九百多年，使北魏壁画原貌得到较好的保存，它说明，多数因变色显得格外粗犷、灰暗的北魏壁画，原本是描绘细腻、色彩热烈的。图中壁画降魔变与禅定佛龛均系剥出的北魏作品。

52 第263窟 北壁前部上层 佛龛

南、北壁前部上层人字披下和西壁中部上层各有一北魏时期的佛龛，内塑禅定像；因曾被西夏壁画所封闭，龛内保存了比较鲜艳的色彩。此龛内佛像高0.9米，着通肩袈裟，结跏趺坐，龛两侧及龛顶画供养菩萨及飞天。佛龛以下，画说法图，为鹿野苑初转法轮。

53 第263窟 北壁后部中层 说法图

北壁后部说法图，相隔中心塔柱与南壁三身佛遥遥相对，都是四十年前从表层西夏壁画之下剥出来的，形象完整，线描精致，色彩鲜丽。图中宝盖之下为交脚佛，右侧弟子，左侧天王，上方四飞天，题材组合比较特殊。

54 第263窟 南壁后部中层 三身佛

图中三尊立佛，各着右袒袈裟，中间一尊上有树形和帷幔，左右二佛上有华盖。两侧二胁侍菩萨，头戴宝冠，上身半裸着天衣，腰系长裙。冠上饰凤鸟衔流苏。天衣及耳坠贴金箔。佛、菩萨姿态生动自然。菩萨上方飞天、化生，皆描绘精巧。此图色彩典丽，线描工整，晕染与墨线勾勒结合紧密。由于是剥出不久的壁画，上面还保留着尚未变色的白粉、青、绿、朱砂及金箔，据此可以推想一般北魏壁画的原貌。

55 第263窟 西壁中央 侍者

侍者又名邬波斯迦，伺候释迦起居，多执拂、持扇，画于佛像两侧。此图为西壁中央白衣佛的左膝下，侍者头梳髻，裸上身，着裙，原有持物现已漫漶，从两手的姿态还可以看出在作扇、拂状。

56 第263窟 前部人字披顶 供养菩萨

此窟在西夏重修时，将窟门内缩，北魏的部分人字披被封闭在西夏建成的东壁墙内，后来西夏的封墙坍毁，露出原画。供养菩萨画在赭红色的椽干之间，裸上身或右袒，姿态各异，上饰忍冬、莲花，很富装饰意趣。

57 第263窟 东壁北侧 千佛及供养比丘

早期洞窟往往以大块壁面装饰千佛，四身一组，用四种不同色彩，反复轮换填涂，造成"光光相接"、霞光万道的效果。增强了庄严、神秘的宗教气氛。东壁千佛，下部色彩如新，近似北魏原貌，上部则明显变色。由于保存程度不同，自下而上显示出逐步变色的过程，可资研究者参考。千佛下方画供养比丘一排，皆着僧祇支，长袖下垂，外穿右袒窄袖袈裟，保存较好，部分面目的线描尚完整清晰。

58 第260窟 中心柱东向面

此窟前部为人字披顶，椽间画莲花、忍冬、供养菩萨。后部平棊顶。平棊饰飞天、莲花图案。后部中央有中心塔柱。塔柱东向面开一圆券大龛，龛楣两端饰凤首（北侧存，南侧已毁），下为束帛圆柱。龛内主尊为善跏坐佛，高1.64米，右袒，内着僧祇支，外穿赤色袈裟，袈裟上致密的衣纹已不是单纯的阴刻线，而略有阶梯之感。龛外两侧塑胁侍菩萨。龛楣两侧满贴影塑胡跪供养菩萨及莲花化生。此窟是保存影塑最多的洞窟之一。塔柱南、北向面上层阙形龛内塑交脚像；西向面上、下层和南、北向面下层均为圆券龛，内塑结跏坐苦修、禅定等像，龛外两侧各塑胁侍菩萨。四壁上部画天宫伎乐，中层画千佛，下层画药叉；南、北壁前部、后部及西壁中部的千佛中，分别画降魔变和说法图。

59 第260窟 北壁后部说法图中 飞天

北壁后部靠下千佛中画说法图一铺。这是图中宝盖和佛光西侧的散花飞天。飞天的肉体与飘带虽然变色，但裙裾褶襞晕染清晰，醒目的白色线描，突出了翱翔自如的动势。

60 第260窟 北壁前部 说法图

画面与第263窟北壁前部壁画"鹿野苑初转法轮"构图大体相同。佛两侧听法会众八身中，有五身作比丘装束，佛座下法轮为三个，两侧有双鹿，示以"鹿野苑三转法轮"之意，表现释迦在鹿野苑向五弟子论说三转四谛。

61 第261窟 南壁前部 降魔变

此图与第263窟南壁前部壁画降魔变形式很相近，但变色较甚；其中仅有东侧一魔军的身体因在西夏重修时曾被泥土覆盖，至今色彩鲜艳如新。由此亦可了解到北魏壁画因年久变色所形成的"粗犷"风格，实与当时壁画原貌殊异。

62 第437窟 中心柱东向面

此窟前室尚存三间四柱宋代窟檐建筑。主室为人字披平棊顶，后部有中心塔柱，经西夏重修。现在塔柱保留着部分北魏晚期的原貌。塔柱东向面开一圆券龛，龛内北魏善跏坐佛脚踩莲花，高0.94米，经后代重妆。龛外两侧塑胁侍菩萨。龛楣上方残存影塑说法图，为一佛二菩萨；两侧影塑供养菩萨和飞天共十余身，亦多残损。塔柱其余三面布局与第260等窟略同。

63 第437窟 中心柱南向龛东侧 胁侍菩萨（部分）

中心塔柱四面龛外各有二身胁侍菩萨。这些菩萨立像是北魏晚期清瘦型的代表。此像高0.87米。

64 第437窟 中心柱东向面龛上 飞天

塔柱东向面龛楣上方南侧的影塑飞天，尚有数身保存完好，均衣着宽舒，对襟大袖，长裙裹足，为褒衣博带式的装束；且体态娟秀，风姿飘逸。

65 第437窟 中心柱北向面上层 交脚菩萨像龛

塔柱北向面上层阙形龛内交脚菩萨像，高0.47米，脸型清瘦，头戴宝冠，披巾交叉于腹前，衣纹作阶梯式。龛形简率，除塑出屋顶外，其他建筑结构都是草草画出的。阙形龛的形式已趋于衰微。

66 第435窟 窟室内景

此窟形制较小，南壁前部已塌，因而与南邻隋代小窟（第346窟）通连。中心塔柱位置靠前，东向面直接与人字披相连接。东向面龛内塑善跏坐说法像，龛外两侧塑二力士，龛楣上方影塑说法图及供养菩萨等。塔柱其余三面，开双层龛，上下两层之间塑出坛沿，上层如下层龛一样，亦在坛沿上塑胁侍菩萨，这种新的形式，看起来更似塔的形状。窟内南北两壁前部画说法图，西壁中央画白衣佛一铺。

67 第435窟 中心柱东向龛北侧 力士

塔柱东向面两侧彩塑力士像，是北魏晚期新出现的题材。此像高0.94米。

68 第435窟 西壁中央 白衣佛

此图保存较好，形象端庄魁伟，线条流畅。

69 第435窟 北壁前部

北壁前部人字披下画天宫伎乐。天宫伎乐以下画大幅说法图，其东下角为穿洞所破坏。图中佛像造型开始变得清秀修长。胁侍菩萨的宝冠由过去三珠冠变化出各种式样。佛像身光以五瓣忍冬组成火焰形式。

70 第435窟 南壁前部 菩萨

南壁前部受到隋代小窟的破坏，说法图中幸存下来的这身完整的胁侍菩萨，瘦削的脸型，纤细的肢体和层层叠叠的裙子，都可看作是西魏风格的先声。

71 第435窟 前部人字披顶（部分）

前部人字披顶的东披已大半塌毁。图中为西披，椽间

画莲花、飞天。飞天共十身，由左右向中间相向而飞；体态修长，飘带繁复，长裙裹脚，在有限的空间内，处置得当，具有很浓的装饰味道。

72 第435窟 北壁上部 天宫伎乐

这是北壁上部人字披以西的三身伎乐天，中间一身着右袒袈裟，吹海螺，另二身裸上身，披巾，着裙，演奏曲颈琵琶和腰鼓。奏乐的姿态、表情，以至手指的刻划，都很生动。

73 第435窟 西壁上部 天宫伎乐及千佛

西壁南端上部的天宫伎乐五身，作各种舞蹈动作。图中可见，这时期的天宫，出现了汉式楼阁与西域圆券（穹窿）建筑相间组合的新形式。汉式楼阁中的伎乐天人大都着通肩（或右袒）袈裟，与西域圆券建筑中的天人不同。

74 第435窟 后部平棊顶（部分）

图为后部窟顶西南角的三方平棊，以红、白两种地色相间敷设，外层四角饰莲花纹或画飞天，中层以忍冬花叶为山形火焰，中心方井饰水池莲花。面积较大的平棊，水池中并出现白鹅等水禽形象。

75 第431窟 窟室内景

此窟前室有三间四柱宋代窟檐建筑。图为由前室通过甬道内望主室。主室为人字披平棊顶，后部有中心塔柱。塔柱的座基显得大大升高，是后代将窟底下挖所致。塔柱东向面圆券龛内为说法像，龛外两侧塑二胁侍菩萨，龛楣上方画供养菩萨。塔柱其余三面上下层圆券龛内均塑禅定像，龛外各塑二胁侍菩萨；其中南向面上层龛外两侧壁画乘象入胎、夜半逾城，是迄今所见这一题材的最早作品。主室四壁为北魏、初唐和宋代壁画，东壁门上有北魏晚期圆券龛，内塑交脚弥勒。

76 第431窟 前部人字披顶（部分）

在人字披上塑出椽子，系北魏早期的遗风。这是人字披的南段，东披画莲花、摩尼宝珠，西披画菩萨胡跪持莲花供养。莲蓬上画一枝五瓣忍冬，使莲蓬如同花盆模样。

77 第431窟 南壁前部 供养菩萨

画在南壁东端千佛之下的供养菩萨行列，虽已变色，但动态和角度呈现出丰富的变化，耐人寻味。

78 第431窟 后部平棊顶（部分）

图为塔柱西面通道上方窟顶的一方平棊，外层四角装饰飞动感很强的飞天和平稳宁静的化生童子，造成对比，使外形方正、排列整齐的图案装饰饶有生趣。

79 第248窟 窟室内景

此窟形制与第435窟略有相似处，窟内空间较小，中心塔柱东向面紧连前部人字披顶，但保存完整，塔柱四面各开单层龛。西向龛内塑苦修像，北向龛内塑禅定像，东向龛和南向龛内塑说法像，各龛外两侧均塑二胁侍菩萨。东向龛内佛说法像着通肩袈裟，结跏趺坐。火焰纹龛楣上方残存影塑供养菩萨。塔座画供养人、药叉。四壁自上而下

画天宫伎乐、千佛和药叉，南、北壁前部中层画说法图。

80　第248窟　中心柱西向龛　苦修像

塔柱西向面开双树形龛，内塑苦修像，高0.93米，眼窝深陷，皮肉松弛，衰老枯瘦，但五官端正，眉宇清秀，显得思想深沉，性格坚毅。

81　第248窟　中心柱南向龛西侧　胁侍菩萨

此窟彩塑，在敦煌北魏洞窟中保存最为完整，艺术水平也较高，不论佛、菩萨像，面相方而清瘦，已呈现"秀骨清像"的风格；衣服轻薄贴体，褶襞细密，为"曹衣出水"形式。此像高1.05米，斜披络巾，项光较完好。

82　第248窟　中心柱西向龛南侧　胁侍菩萨（部分）

这个时期的塑像，头部另外塑成后，安装在紧贴壁面的身躯上。此像高0.92米，着通肩袈裟，肤色莹白，面容清秀，双手合十，恭敬虔诚。

83　第248窟　中心柱东向面龛上　供养菩萨

塔柱东向龛上方的影塑大部脱落，残存的数身亦堪称北魏影塑中的代表作。图中二身，一着通肩袈裟，双手合十礼拜，高0.31米；一斜披罗衣，手捧莲蕾供养，高0.40米。菩萨的服饰，特别是用笄束发髻，明显地具有中原地区的特点。

84　第248窟　北壁前部　说法图

南北两壁前部均有大幅说法图，其上为天宫伎乐，其下画药叉。北壁前部说法图中，宝盖之下，佛结跏趺坐于莲座上，手掌朝外，伸开五指，现出"网膜"，这是佛"三十二相"之一的缦网像。两侧众多的菩萨，共十九身，着袈裟或半裸束裙，各立于莲花之上，表现出在佛说法之后，欢喜赞叹，手舞足蹈的热烈情景。

85　第248窟　前部人字披顶（部分）

图为人字披顶西披中部，飞天掠过花丛，从两侧向中间飞翔，飘带轻扬，彩云朵朵，在檐间的狭窄空间里充分表现出了"飞"的意态。人物脸型清瘦、身体修长、长裙裹脚以及面部、肢体的晕染方法，都体现着北魏晚期新出现的风格特点。

86　第248窟　南壁上部　天宫伎乐及千佛

南壁西端上部天宫伎乐，最西端圆券形天宫建筑中为一大人头，貌似婆罗门。这种形象，由于是在乐舞行列中出现，有人认为是传自西域的舞蹈面具；又有人认为这是"大头仙人"，即《法苑珠林》载《西国志》所云，在阿修罗窟中因吃了仙桃而身体增大的人。才出一头，身大孔塞，不能尽出，因此只画一大头。天宫以下画千佛。

87　第248窟　前部人字披顶　供养菩萨

图为人字披顶东披北段。供养菩萨双手捧着高大的花枝，向洞窟中央行进，以供养塔柱正面龛内的主尊。

西　魏

（公元535—556年）

88　第355窟　西壁　坐佛

第355窟为宋代所建。正壁盝顶帐形龛内彩塑禅定佛像，高0.89米，造型属于西魏秀骨清像风格，应是被后代人从西魏洞窟迁移到这里的。

89　第249窟　西壁

此窟平面方形，覆斗形顶，西壁居中开一圆券大龛，龛身较低。这是莫高窟西魏时期新出现的洞窟形制。龛内塑善跏坐佛，高2.4米，绘火焰纹背光；龛内南、北壁及龛顶两侧各画供养菩萨十二身、飞天二身及婆薮仙或鹿头梵志。龛楣画忍冬、伎乐化生和禽鸟，上接窟顶西披，下承束帛龛柱。龛外两侧画供养菩萨和飞天，上方为天宫伎乐，左右胁侍塑像均已无存。现存背靠南、北壁西端的二身菩萨塑像，均经后代改塑，原形尽失。东壁残毁，南、北壁大体仍保持自上而下为天宫伎乐、千佛、药叉的格局，中层千佛中央各画说法图一铺。

90　第249窟　西壁龛内南侧　供养菩萨

龛内南北两壁绘上下排列四层的供养菩萨，每层三身。图为南壁上二层。菩萨各戴宝冠，着长裙披巾或穿袈裟，两种衣着相间交错。面部十分显眼的白鼻白眼，是晕染变色后产生的效果。

91　第249窟　西壁龛内北侧　供养菩萨及鹿头梵志

龛内最下层供养菩萨的里侧西壁上，分别画婆薮仙和鹿头梵志。这是北壁最下层供养菩萨和西壁上的鹿头梵志。梵志手托髑髅，瘦骨嶙峋。

92　第249窟　西壁龛顶北侧　飞天

龛内券顶火焰纹两侧各画飞天二身。图为北侧的伎乐飞天，一吹横笛，一拍腰鼓，双腿修长。作者在狭小的空间里处理人物动作的技巧相当熟练，线描有力、生动。

93　第249窟　南壁上部　天宫伎乐及千佛

南壁上部东端天宫伎乐，或奏乐，或舞蹈，动势有张有合，富于节奏感。最东端一大人头，貌类婆罗门，疑为西域式舞蹈面具或大头仙人。天宫伎乐以下画千佛。

94　第249窟　北壁下部　供养人及药叉

北壁中央说法图下方画供养人行列，男供养人和女供养人相向而行。这是行列的西段，以供养比丘为前导，后随女供养人。下层画药叉，图中东起第一身，兽头，击腰鼓；第二身吹筚篥；第三身弹琵琶；俱活动于山岳之间。

95　第249窟　北壁中央　说法图

南、北壁大面积的千佛中间，画小型说法图。北壁的这幅说法图，高1.41米，立佛居中，两侧各二身菩萨，着右袒袈裟或半裸着裙。佛、菩萨都立于宝池中的莲花座上。佛光上方为饰兽头和双凤的华盖，两侧各二身飞天，上面的一对是穿大袖长袍的中原式飞天；下面的一对，半裸、帔巾长裙，手捧莲蕾或作散花状，双脚倒垂头上，作"拗腰伎"姿态，属于西域式飞天。

96　第249窟　南壁中央　说法图

　　南壁说法图与北壁对称，形式略同，华盖饰兽头、双龙。立佛的手式近似"转法轮印"，下部有宝池莲花，可看作是净土变的雏形。两壁说法图以下画供养人行列。

97　第249窟　窟顶西披

　　窟室正壁的上方，是覆斗形窟顶的西披。西披宽4.2米，中间画阿修罗王，赤身、四目四臂、形体高大，脚立大海中，手擎日月，双龙护卫。身后为须弥山，山上忉利天宫，雉堞巍峨，是佛教所谓三十三天天主帝释的居处。须弥山两侧画雷公、礔电、乌获、雨师、飞天、朱雀、迦楼罗（金翅鸟王），颇有雷电交作、风雨并至之势。大海两侧有仙人在宫殿里修行，有羽人奔波，鹿和猕猴饮水觅食。

98　第249窟　窟顶北披

　　窟顶南、北披分别画东王公和西王母，两相对称。这是中原地区以汉族传统的神话题材。另一种意见认为，这是在石窟壁画中借用传统的形式来表现佛教故事中的帝释天和帝释天妃。窟顶北披宽5.95米，中部东王公惜已残毁，仅存下部四龙引车、文鳐飞跃等。龙车前后，有乌获、羽人、乘龙持节的方士和禺强、飞廉、开明等。在龙车下方，有生动的狩猎场面。山峦树林里有野兽出没。

99　第249窟　窟顶东披

　　东壁坍毁，窟顶东披下部亦已残损。东披宽4.63米，上部中间画二力士承托摩尼宝珠，飞天左右护持，朱雀和孔雀相对飞翔。力士以下胡人与乌获现百戏。胡人倒立，高鼻大眼；乌获兽头、人身、鸟爪；所演系西域传来的百戏。胡人北侧是作龟蛇相交的玄武，为四神之一，即我国古代传说中守护北方的神。乌获南侧是我国古代神话中的天兽"开明"。这样的形象，窟顶东南北三披均有，北披的十三首，南披的十一首，图中东披的九首。《山海经》：开明兽，"身大类虎而九首皆人面"，与壁画形象相符。开明前有一猿猴，蹲踞树上，作眺望状，十分生动。

100　第249窟　窟顶南披

　　窟顶南披宽5.38米，中部画西王母（或认为是帝释天妃）乘凤车出行，前后有乘鸾凤持节的方士和飞天作为引导和随从；凤车下，白虎驰骋，又有乌获和巨人在前面奔跑；车后旌旗飘扬，有开明尾随。下部表现了野牛、黄羊等各种动物在山林中的活动。

101　第249窟　窟顶

　　覆斗形窟顶，中心饰垂莲藻井，四披"图画天地，品类群生"；上部为天空，是神仙的世界，西顶画阿修罗王、东顶画摩尼宝珠，都是典型的佛教题材；北顶和南顶画东王公、西王母，较多地体现神仙思想；四披下部绕窟一周则尽是山林野兽及狩猎等地上人间的生活场景。

102　第249窟　窟顶北披　野猪

　　窟顶北披东下角用白描画法表现山林间的一群野猪。

图中一头母猪带领着六头仔猪奔走觅食，线条简洁流畅，很见功力。

103　第249窟　窟顶北披　野牛

　　窟顶北披下部的西侧，画白描野牛一头。作者以有力的线描和准确的造型技巧刻划出野牛健壮有力的形体和出没于山野林莽间的警觉神情，活跃之态如生。野牛的上方为人首鸟身的禺强。

104　第249窟　窟顶西披　雷神

　　王充《论衡·雷虚篇》："图雷之状，累累如连鼓之形，又图一人，若力士之容，谓之雷公"。壁画中的形象与此相符。窟顶西披阿修罗王南侧画雷神，鼓形如羯鼓，动态强烈，旋转搏击之声如可耳闻。雷神南下方为礔电，北下方为迦楼罗。

105　第249窟　窟顶西披　乌获

　　阿修罗王北侧画乌获。这种兽头、人身、鸟爪的怪人形象，在北魏墓志的线刻画中题名为乌获，是中国式的力士，同金刚力士自有不同。乌获北下方为风神，口中嘘出气流，天花随之飞动。

106　第249窟　窟顶南披　西王母

　　据《山海经》，西王母住在西海之南、流沙之滨、赤水之后、黑水之前的昆仑山上，"戴胜虎齿有豹尾"，显然是原始社会的图腾形象，后来却画成了贵妇人的形象。窟顶南披中部画西王母，所乘三凤驾车，与东晋顾恺之《洛神赋图》中的云车相仿，车旁亦有文鳐之类的水族形象。

107　第249窟　窟顶北披　狩猎

　　窟顶北披下部山林之间，画面左方，猎人跃马深山，反身张弓，箭射猛虎；右方猎人跨马疾驰，手举标枪，追逐奔逃的一群黄羊。这是敦煌最生动的狩猎图之一。

108　第288窟　窟室内景

　　主室前部为人字披顶。后部为平棊顶，中央有中心塔柱。塔柱东向面开一大圆券龛，内塑善跏坐佛像，高1.03米。龛外两侧塑褒衣博带胁侍菩萨，左高0.96米，右高0.91米。这种衣着是西魏塑像的显著特征。龛楣上贴影塑千佛，龛下塔座上画金刚力士。塔柱南西北三面开上下双层龛，均为圆券龛；南向面上层龛内塑禅定像，下层塑苦修像；北向面二龛内皆塑禅定像，西向面上层龛内塑说法像，下层塑禅定像，各龛外两侧均塑胁侍菩萨，多已残损。主室四壁大体保持上下三层的格局，上部画天宫伎乐、中部千佛、下部为三角形垂帐纹。南、北壁前部画大型说法图，后部千佛中间靠下有小型说法图。东壁千佛下画供养比丘和供养人等。

109　第288窟　窟室东南隅

　　窟室前部的人字披顶，脊枋已大大加宽，成一长条形的平顶，上饰水池莲花。人字披椽间装饰结构富丽，缤纷多采，为莲花、宝珠、忍冬、禽鸟和飞天等图案。人字披下紧接壁面上部的天宫伎乐。伎乐天俱作菩萨装并各在圆券形西域式建筑内奏乐、舞蹈或散花。南壁天宫伎乐以下的大型说法图，佛像庄严、额上白毫、白鼻梁、白眼睑、白耳轮等西域式赋彩手法非常显著。由于人字披的东西两披并不均衡，造成前部的山字形画壁上说法图难以左右对称，但是作者以佛像两侧的供养菩萨和飞天进行了巧妙的配置，仍保持了构图的完整和稳定。画面色调沉静柔和。它和与其相对的北壁说法图都是早期保存最完整的大型说法图之一。

110　第288窟　中心柱东向龛上部

东向龛楣饰不同一般，不用花鸟而用人物作为装饰，中间一化生童子头顶花盆奉献，两侧各五身供养菩萨胡跪持花供养。菩萨裙帔颜色的交替变化，造成别具一格的装饰效果，在周围土红色基调的对比之下，特别显得洁净而雅致。龛楣上方见有残存的影塑千佛。

111　第288窟　中心柱西向龛座下　药叉

中心柱塔座四面均画药叉。这两身药叉头圆体壮，曲发垂肩，赤膊裸腿，他们是坛下的护法神。

112　第288窟　后部平棊顶（部分）

这是后部窟顶西北角的一方平棊。架木为井、四方套叠的木构形制，早已完全变成了装饰图案，井心描绘涡纹中绽开重莲，边饰为忍冬、菱格、云气纹，中层四角画火焰状忍冬，外层四角画飞天，飞天顺着同一方向飞翔、旋转，使方形的图案结构变得格外生动。

113　第288窟　东壁南侧　供养人

东壁南侧千佛以下，画供养人。有比丘持花供养，在前引导，后随供养人一组，共四身。主人戴冠着袍，项有曲领，腹前束蔽膝，脚穿笏头履，袍裾曳地数尺于后，有僮仆随侍提携。这种服装可能是汉晋时代流行一时的"狐尾单衣"。三名僮仆着裤褶，立于身后，并张伞盖、执障扇。

114　第285窟　窟室内景

第285窟为覆斗顶方形禅窟，宽6.4米，进深6.3米，高4.3米，南北两侧各凿四个禅室。窟内正中有一方坛。此窟保存完好，四壁及顶部壁画艺术精湛，且北壁保存西魏大统年间的纪年造像题记数方，是早期莫高窟唯一有确凿纪年的洞窟，对于研究莫高窟的历史和艺术，均有十分重要的意义。图中西壁开三龛。中间大龛内塑主尊善跏坐佛像，高1.98米，着褒衣博带式通肩袈裟，衣纹起棱，系用贴泥条的方法作成，背光绘多层火焰纹。龛内两侧各塑一胁侍菩萨，两侧壁画供养菩萨上下三层各十身，龛顶画飞天。龛楣外沿饰连续忍冬纹，其状如火焰。楣中饰缠枝忍冬和莲花。莲花中画化生童子，各执乐器，如横笛、腰鼓、琵琶、笙簧、排箫、法螺、曲项琵琶等，共十一身。大龛南北各开一小龛，内塑着百衲衣的禅僧像，身后三角形背靠，龛外壁面画诸天、菩萨、外道等。壁面以垂帐纹与窟顶分界。西壁以土红涂地，色彩浓重艳丽，为西域式风格，与窟顶及其他三壁作风迥异。其他三壁以白粉为地，爽朗明快，造型、衣饰及晕染方式均属中原风格。

115　第285窟　西壁正龛内南侧　供养菩萨

西壁正龛内两侧画供养菩萨共二十身，或裸体披巾，或着通肩大衣，或披右袒袈裟，或斜披罗巾，姿态各异。面部和肢体的晕染尚未完全变色，可以看到工谨细致而紧劲有力的线描和当时的设色效果。

116　第285窟　西壁南龛上　诸天、菩萨

西壁南龛上部，南侧最上有一圆轮，表现驾马车之日神。圆轮以北六椭圆形内为趺坐菩萨，其下画供养天女一排。南端一天女拉手引三凤神车，车上力士持人面盾，奋力驱进。忍冬、火焰纹龛楣的两侧，皆为诸天神王。

117　第285窟　西壁北龛上　诸天、外道

西壁北龛上部，北侧最上有一圆轮，为月天，与南侧上角的日天相对呼应。圆轮以南七个椭圆形内表现外道归依，其下画供养天女。天女后随三虎神车，车中力士披巾执盾。龛楣两侧为诸天神王。

118　第285窟　西壁正龛南侧　诸天

西壁正龛外两侧画诸天形象。南侧上为毗瑟纽天，又名那罗延天，传说捉贝持轮骑金翅鸟行；图中三头八臂，手障日月，持轮、贝及各种法物。中为二力士，下为二天王。正龛外两侧共画天王四身，皆头戴宝冠，身着金甲、战裙，披大巾，手持兵器，侍卫佛侧。所谓四天王，是镇守四方的护法神。

119　第285窟　西壁正龛北侧　诸天

上为摩醯首罗天，又译名大自在天，传说八臂三眼骑白牛，为创造万物的主神；图中三头六臂，骑牛。中左为鸠摩罗伽天，亦名童子天，传说常擎鸡持铃捉赤幡乘孔雀，颜如童子；图中童子面相，四臂，手执法物，骑孔雀。中右为毗那夜迦天，人身象头。下为二天王。

120　第285窟　西壁南龛南侧　婆薮仙

西壁南龛外南侧，画一半裸老人，作苦行外道形象，手执鸟，为婆薮仙。

121　第285窟　西壁南龛内南侧　供养比丘

西壁南龛和北龛内禅僧塑像两侧各画供养比丘二身。图中供养比丘之一着袈裟，偏护右肩，长裙，黑履，手捧花枝，虔敬供养；另一供养比丘立于背靠后，扬手作散花状。

122　第285窟　北壁

壁面上部紧接窟顶的垂帐纹下，东起共七铺说法图，是敦煌石窟最早的七佛图像。每铺说法图高约1米，大多作一佛二菩萨的形式，唯西端一铺为二佛并坐。图下部都有供养人和发愿文。供养人下以天象纹边饰与下部禅室楣饰隔开。西端两个禅室的洞口有元代增修的佛塔。楣饰与楣饰之间画千佛及供养菩萨，最下为药叉。

123　第285窟　北壁上层　二佛并坐像（七佛之七）

横贯北壁上层的七铺说法图的西端是七佛的最后一幅，画二佛并坐像，并以二菩萨胁侍。七佛，系指释迦牟

尼和过去六佛。此图本应为释迦牟尼佛，可能因为壁面宽余，故以释迦、多宝二佛代之，并与南壁西端的二佛并坐像相对应。图中二佛均结跏趺坐，作说法印，座下发愿文已漫漶不清。

124 第285窟 北壁上层 说法图二铺（七佛之三、四）
北壁上层说法图东起第三、四两铺，应为七佛中之毗舍婆佛和拘楼孙佛。第四铺下可见墨书发愿文："夫从缘至果非积集无以成功是以佛弟子／滑□安上为有识之类敬造无量寿佛／一区并二菩萨因斯微福愿佛法兴隆魔事／微灭后愿含灵抱识离舍三途八难现在老苦／往生妙乐齐登正觉／大代大魏大统五年四月廿八日造"。发愿文两侧的供养人题名有"清信士滑□安供养像"、"清信女丁爱供养佛时"等。第三铺发愿文及题名均已漫漶。按，大统五年即公元539年，为西魏文帝元宝炬的年号。

125 第285窟 北壁上层 说法图二铺（七佛之五、六）
东起第五铺佛像题名"□□□牟尼佛"，应为拘那含牟尼佛。第六铺题名"迦叶佛"。第五铺下可见发愿文："夫从缘至果非积集无以成功是以佛弟子／比丘惠遵仰为有识之类敬造拘那含／牟尼佛一区并二菩萨因斯微福□／佛法兴隆魔事□减……／……安吉……／……齐登正觉／大代大魏……八□中旬造"。两侧供养人题名仅存"比丘尼惠胜供养时"。第六铺下可见发愿文："夫至极阒旷正为尘罗所约圣道豈趣……／非积豈何能济拔是以佛弟子比丘晋化仰／为七世父母所生母父敬造迦叶佛一区并二菩／萨因此微福愿亡者神游净土永离三途现／在居眷位太安吉普及蠕动之类还登常乐／大代大魏大统四年岁次戊午八月中旬造／比丘晋化供养时"。两侧供养人题名有"清信士阴安归所供养时"、"信士阴苟生供养"、"信士阴无忌供养"、"信士阴胡仁供养"、"信士阴普仁供养"、"信息在和供养"和"清信女史崇姬所供养时"、"信女阿丑供养"、"信女乾缔供养"、"信女乾理供养"、"信女阿媚供养"、"信女娥女供养"。第六铺说法图下发愿文为大统四年，即公元538年，是此窟现存最早纪年。

126 第285窟 北壁上层 说法图二铺（七佛之一、二）
东起第一、二两铺说法像，应为毗婆尸佛和尸弃佛。第一铺下可见发愿文："夫从缘至果非积集无以成功是以佛弟／子滑黑奴上为有识之类造无量寿佛／一区并二菩萨因斯微福愿佛法兴隆魔事／微灭后愿含灵抱识离舍三途八难现在老苦／往生妙乐齐登正觉／大代大魏大统五年五月廿一日造讫"。两侧供养人题名有"清信士滑黑奴供养／孙昔海"、"清信士滑一供养"和"比丘尼道容供养之像"、"息女阿建"、"息女头女"、"息女难当"、"息女处胜"等。第二铺下发愿文已漫漶，供养人题名尚有"比丘昙珠之像"、"清信士僧一供养"等。

127 第285窟 北壁东起第二禅室楣饰
北壁四个禅室并列，与南壁相对称，洞口上均有华美的楣饰。楣饰上，纵横交错的忍冬花丛中对称地装饰双孔雀、双鹦鹉、双驼鸟等纹样；外沿画连续忍冬纹，组合成火焰的形状。各楣饰之间，在统一的格局中力求变化，堪称装饰艺术的杰作。图为北壁禅室的楣饰之一，装饰双孔

雀图案。

128 第285窟 北壁上层 供养人与大统四年题记
北壁七佛之六，佛说法像的下方，以"大代大魏大统四年岁次戊午八月中旬"比丘晋化造迦叶佛像发愿文居中，东侧为男供养人行列，西侧为女供养人行列。此窟供养人题名中的"阴"氏、"滑"氏大约都是当地少数族的姓氏。女供养人多为男供养人的眷属。

129 第285窟 北壁东起第一、二禅室之间壁画
北壁各禅室楣饰之间壁画为千佛与供养菩萨。图中上方画千佛三身，佛像结跏趺坐，作禅定印或普供养印；下方供养菩萨二身，菩萨手捧鲜花，面面相对，含笑欲语。面部晕染仅在两颊渲染两团红色，是中原地区人物画表现面部立体感的传统画法。

130 第285窟 南壁
壁面上沿垂帐纹下画飞天一列，共十二身。飞天以下为横幅五百强盗成佛因缘故事画，其西端为释迦多宝并坐说法图。下部四个禅室与北壁遥相对称，均以花鸟、火焰纹龛楣为装饰。楣饰之间穿插因缘故事画沙弥守戒自杀品和本生故事画施身闻偈。最下画金刚力士。

131 第285窟 南壁上层 五百强盗成佛之一
佛经故事讲，古代侨萨罗国曾有五百人造反为盗，因国王波斯匿派大军征剿，战败被俘，遭受酷刑，被挖去双眼，逐放山林。佛以神通力吹雪山药使五百强盗眼目复明，并现身为之说法；终使五百强盗飯依佛法，剃发出家，隐居山林，参禅入定，最后成佛。画面从南壁东端开始，图为作战、被俘、审讯和受刑等场面。作者以五人表示五百，官兵与强盗作战的场面具体、生动，是西魏壁画的杰作。

132 第285窟 南壁上层 五百强盗成佛之二
图为逐放、复明、说法、出家等场面。各场面之间，建筑物和山石树木既作为画面的分隔，又是联系全图的组带。作者将时间上先后有序的情节发展统一地组织在一个完整的空间环境之中。图中五百强盗放逐荒郊痛苦哀号的情态，表现得生动而强烈；飯依佛法之后，则以幽美的自然环境作为烘托，山林间点缀野兽出没和狩猎的形象，增添了意趣。

133 第285窟 南壁中层 沙弥守戒自杀缘品之一
南壁各禅室楣饰两侧故事画，由东端开始，西起第四禅室的东侧，上画武士张弓射倒悬比丘，示"护持禁戒，宁舍身命"。中画比丘持钵行乞，少女施饭，示"随敷露坐，一食三衣"。下画比丘树下参禅，示乞食比丘"独乐静处"。这是沙弥守戒自杀缘品的序品。

134 第285窟 南壁中层 沙弥守戒自杀缘品之二
南壁西起第三、四禅室楣饰之间，上为长者送子剃度出家为沙弥，下为比丘对沙弥宣讲戒律。图中树木青葱，枝叶飘拂，景色清新宜人。

135 第285窟　南壁中层　沙弥守戒自杀缘品之三

南壁西起第二、三禅室楣饰之间。上为长者将要出外赴宴，女儿自请留家看守。下面东侧画沙弥乞食，在长者门前与女交谈，女欲招其入内。西侧，建筑物的墙后，沙弥在树下举刀自刎。图中长者女的形象，已由北魏第257窟的龟兹装变为大袖裙襦的南朝闺秀。

136 第285窟　南壁中层　沙弥守戒自杀缘品之四

南壁西起第一、二禅室楣饰之间。上为长者向国王报告事件经过，并交纳罚金。中为沙弥自杀后现紫檀像，画作堂上禅僧的形象。下为香木茶毗（即火化遗骸）。图中国王戴笼冠，着深衣袍，手挥塵尾。身后侍者张曲柄伞盖和羽扇。全然是中原帝王或南朝显贵的形象。

137 第285窟　南壁中层　施身闻偈

即雪山婆罗门本生。故事说：婆罗门住雪山中修行，忽闻空中有声说半偈："诸行无常，是生灭法"，心生欢喜，便大声喊问，愿闻其全。帝释天现身为罗刹说：我身饥饿，无力续说，须饮热血吃暖肉后方可。婆罗门愿施以身命闻此半偈。于是罗刹说后半偈："生灭灭已，寂灭为乐"。婆罗门闻偈后深悟此义，于山林间放声高唱，并将此偈到处书写。然后攀登高树，投身下地，以供罗刹取食。当投身虚空时，罗刹复现帝释原形，举手于空中接取，安置平地。南壁中层西端，西起第一禅室楣饰西侧，画出婆罗门绝形深涧、结草为庐，以及闻罗刹说偈、高树投身、帝释天举手接取等情节。

138 第285窟　南壁上层　飞天

南壁上部十二身飞天，均朝向窟正壁方向飞翔，奏乐散花供养。图中西起第二身擘箜篌，第三身持阮咸，均为中原"秀骨清像"式飞天。飞天姿态优美，富有韵律感，空中天花流云增加了动势。飞天以下可见五百强盗成佛故事画中的山中禅修场面，显示出当时描绘林木山石的高度技巧。右下为释迦多宝并坐说法图宝盖东侧的裸体童子飞天形象。

139 第285窟　东壁

东壁壁画采取左右对称的格局。中间门上画三世佛一铺。门南北均画大型说法图，形式衣冠与北壁说法图相同。说法图中佛像着对襟大袍，垂裙重叠，结跏趺坐，作说法印，头上悬中原式双龙华盖垂旒苏羽葆，题名"无量寿佛"。左右胁侍菩萨四身，其中二身大冠高履、褒衣博带，另二身半裸、披巾交于腹前，题名见有"无尽意菩萨"、"文殊师利菩萨"、"观世音菩萨"、"大□志菩萨"。其上弟子四身，持鲜花供养，题名见有"阿难之像供养佛时"、"摩诃迦叶之像"、"舍利弗之像"、"目连之像"。人物身材修长，脸型清瘦，属于秀骨清像风格。两幅说法图下发愿文（已漫漶）两侧都画有供养人行列。北侧为男供养人。南侧女供养人头顶饰鬘髻，鬓发长垂，身穿大袖襦、间色裙。这是北魏孝文帝改制后鲜卑妇女的时装。壁面最下部，在忍冬纹边饰之下，有重层壁画，表层为五代画男供养人像，剥落处露出底层壁画药叉形象。

140 第285窟　窟顶西披

覆斗形窟顶的东、南、西、北四披画天空诸神，有佛教的飞天、力士，又有民族传统神话里的伏羲、女娲、羽人、飞廉等，交互杂呈。下部绕窟一周画禅修僧计三十五。禅室间尽是山峦林木、飞禽走兽。整个窟顶壁画象征着天地宇宙。窟顶西披下部居中、西壁正龛楣饰上方，画化生童子，头顶大盆鲜花，两侧山峰林木之间有猕猴攀援。上部相对二飞天。飞天两侧画雷神连鼓，其下为飞廉，再下为飞天、朱雀和乘鸾仙女。

141 第285窟　窟顶北披

窟顶北披上部中间鲜花两侧相对二飞天。其下有禺强神鸟、雨师、霹电、飞廉、乌获、开明等诸神异。天花飞旋，满壁风动。

142 第285窟　窟顶南披

南顶上部中间莲花内为摩尼宝珠，两侧有二飞天相对扶持，其下有飞廉、羽人、朱雀、飞天、乌获与开明等。

143 第285窟　窟顶东披

东顶中间为二力士举摩尼宝珠及开敷莲花。宝珠两侧画伏羲、女娲，皆人面蛇身，穿大袖衫，披长巾，手持规、矩，胸前圆轮中分别为三足乌或蟾蜍，象征日、月。伏羲、女娲由再创人类之神，逐步转化为日月神。力士北侧为飞廉、开明，南侧为乌获、飞天。下部山岭间有射猎场面。窟顶东南北三披均见开明神兽的形象，头的数目分别为十三、九、十一不等。

144 第285窟　窟顶藻井

窟顶中央，是敦煌石窟出现的第一个华盖式藻井；中心方井于水涡纹之上绘覆莲，中层四角画火焰纹，外层四角画莲花，边饰为忍冬纹。藻井四面饰双层垂幔。垂幔四角为兽首衔玉佩、流苏、羽葆，悬达四披。

145 第285窟　窟顶北披（部分）

窟顶北披的中下部，上有人面鸟身的禺强和喷云吐雾的雨师，下有双手擎铁钻的霹电、持幡飞翔的童子飞天和头似鹿、背生翼的飞廉，即风神。背景有迅疾的流云和纷飞的天花，更加烘托出画面上风雨交加、雷鸣闪电的气势。

146 第285窟　窟顶北披下部　禅修

窟顶四披下部描绘山峦之间的禅修，以圆券形拱门表示禅窟，内有禅僧结跏趺坐于莲座之上。外界有各种野兽和飞鸟的跃动，一派勃勃生机与窟内参禅入定的宁谧肃穆形成强烈的对比。北披下部西端禅修图不同一般，禅僧坐纯床（即胡床）。在中原的寺院里，静行之僧往往坐纯床，"餐风服道，结跏数息"。

147 第285窟　窟顶东披　天鹅

窟顶东披北下角，以白描手法画两只天鹅，均未敷色，仅起稿线，寥寥数笔，形神兼备。飞动的流云、天花，增强了天鹅翱翔的动势。

148 第485窟 窟顶东披 射野牛

东披下部禅修窟外，画野牛昂首登山，武士跟踪追猎。

149 第432窟 中心柱东向面

此窟前部人字披顶，后部平棊顶。后部中央有中心塔柱。窟内四壁、窟顶及中心柱塔座均经五代、西夏重画。塔柱东向面开一大型圆券龛，龛内塑善跏佛像，身后饰火焰纹背光，两侧画供养菩萨及飞天。龛楣饰忍冬化生。龛楣两端饰彩塑翼龙，下为缠莲柱。龛外两侧塑胁侍菩萨。龛楣以上满饰影塑供养菩萨。塔柱南、西、北向面各开上下两层龛，均塑禅定像。上层为一佛四菩萨，下层为一佛二菩萨。

150 第432窟 中心柱北向面龛上 供养菩萨

中心柱北向龛西侧彩塑胁侍菩萨头光上方三身影塑供养菩萨，高约0.35米，保存完好；均穿大袖长袍，作胡跪，合掌或持莲蕾，面貌清瘦，神情恬静，是典型的西魏风格。供养菩萨一侧残存影塑莲花化生。

151 第432窟 中心柱东向龛南侧 胁侍菩萨

塔柱东向龛外南侧胁侍菩萨，高1.22米，比例匀称，面相略丰满，披巾相交于腹前。从造型特征看，应当是属于西魏末、北周初的作品。

152 第432窟 中心柱北向龛东侧 胁侍菩萨

塔柱北向龛外东侧胁侍菩萨，高0.88米，头戴宝冠身着大袖长袍，腰束络带，披巾交于腹前，脚穿笏头履。

北 周

（公元557—581年）

153 第461窟 西壁南侧

这是位于莫高窟北区的小型方形覆斗藻井窟，西壁上部垂幔之下画释迦、多宝二佛并坐龛，龛楣画睒子本生故事，龛外两侧各画弟子五身、供养菩萨二身。龛座为盛唐画供养人。南、北壁画千佛。东壁残毁。图为西壁南半部。壁画龛侧比丘五身，与北侧的五身比丘共为十大弟子。壁画白地土红线描，色调明快；人物形象略清瘦，尚有西魏遗风。

154 第461窟 窟顶（部分）

覆斗形窟顶中央绘变形云龙纹藻井，水池莲花井心，外层垂幔纹达于四披。垂幔纹以下天宫栏墙之上，以西披摩尼宝珠为中心，画伎乐飞天绕窟一周。飞天有的着大袖长袍，亦有裸上身、着披巾长裙；造型上有的清瘦，亦有的面相略方而丰腴，显示了北周初年两种不同风格由并存而逐渐融合的进程。窟顶下沿以垂幔与壁面相连结。图为窟顶西南角。

155 第461窟 西壁 二佛并坐像上部

西壁中部壁画释迦、多宝二佛并坐像龛的上部，龛楣中画睒子本生故事，情节简单，仅画睒子与盲父母在山中修行；国王出猎，驰马追鹿，发箭误中睒子；盲父母抚睒子尸痛哭等场面，但保存完整，色彩如新。在龛楣装饰中绘制故事画殊为少见，作者利用山水景色将故事情节巧妙地安置在有限的空间里，并具有优美的装饰效果。龛楣外沿以火焰状忍冬纹为边饰。

156 第438窟 西壁

此窟为覆斗藻井顶，平面方形，窟前部已塌毁。西壁开一龛，龛内塑善跏坐佛，龛外两侧塑胁侍菩萨各一身，彩塑的造型风格之前代迥异，其中右胁侍立像高1.52米，是北周彩塑的代表作之一。西壁龛内画供养菩萨、弟子和飞天，龛外画供养菩萨和飞天。南北两壁画千佛，下部绘供养人、药叉；除千佛外，多已褪色、漫漶。顶部原绘故事画，尚隐约可见。

157 第438窟 西壁南侧 胁侍菩萨（部分）

西壁右胁侍，衣冠服饰与第432窟菩萨相似，但造型上呈现出变化，鼻梁高，鼻尖略微内勾，两腮丰满，朱唇含笑，身材不再是修长型。由颈项开裂处可以看出，头部是模制后安装上去的。

158 第439窟 西壁

此窟为人字披、平棊顶，已大半塌毁。西壁开一龛，龛内塑善跏坐佛，两侧塑弟子各一身。龛外两侧塑胁侍菩萨各一身。西壁龛内外壁画供养菩萨等及背光均已漫漶。南北两壁残存伎乐天和千佛，窟顶西南角残存的壁画中有禅僧形象。西壁彩塑一佛二弟子二菩萨，是莫高窟北周时期新出现的塑像组合。

159 第439窟 西壁龛内北侧 迦叶（部分）

龛内北侧彩塑弟子是莫高窟现存最早的迦叶造像，塑成一位和蔼可亲的老者，身形瘦削，像高0.97米。迦叶，为佛的十大弟子之一，称头陀第一。塑像面部的"连眉"塑法属于北周时从西域传入的一种新风格。

160 第428窟 窟室内景

这是敦煌早期最大的中心塔柱式窟，宽达10.8米，进深13.75米，保存较完整。形制与北魏第254、257、248等窟大体相同。此窟前室有五代壁画，甬道有五代画曹议金父子及回鹘公主供养像。主室人字披平棊顶，后部中央有中心塔柱，塔柱四面各开一圆券形龛。龛内各塑结跏趺坐说法佛和二弟子，火焰背光两侧画供养菩萨及飞天。龛外两侧塑胁侍菩萨二身。龛楣两端承以缠莲柱，柱旁塑菩提树。塔柱四面坛沿画供养人。塔柱画药叉，各作奏乐、舞蹈等状，亦有的相抱角力，颇似古代相扑或角抵戏。中心柱四面上方与平棊之间的窟顶画飞天、化生和向下俯视的天女。主尊面相丰圆，头大，服装为褒衣博带。四壁布局大体分上下三层，上层贴影塑千佛，中层为大幅壁画，下层为供养人行列及三角形垂帐纹。南北两壁前部人字披下山面画说法图。四壁中层壁画，东壁南北两侧分别为萨埵太子本生和须达拏太子本生，北壁为说法图、降魔变等，西壁为说法图、金刚宝座塔、涅槃变、二佛并坐等，南壁为说法图、卢舍那佛一铺等。

161　第428窟　北壁前部

北壁人字披下相当于木构建筑山面的部位画小型说法图。这种形式曾见于人字披刚开始出现时的北魏第259窟，以后很快就被占窟室前部大部分壁面的大型说法图所代替，到了北周又再度出现。小型说法图下是影塑千佛（已部分剥落）。千佛下为大型说法图，佛居中，结跏趺坐，着右袒袈裟，二身形体较大的菩萨为左右胁侍，胁侍身后各六身供养菩萨作上下两层排列。说法图以西画降魔变。说法图下为横排三层的供养人行列，最下为三角形垂帐纹。

162　第428窟　南壁中层　卢舍那佛

卢舍那，一说是佛三身之一的"报身"，又含义为光明遍照。南壁中层东起第二图中卢舍那佛着通肩袈裟，亡立作说法相，两侧为其眷属。这是敦煌最早的卢舍那佛说法像，其袈裟上画有佛教所谓三界之一的"欲界"，上部为天，有佛像、天宫、阿修罗和飞天；中部为人界之四大洲，以红色衣纹线分作四竖格，表现人间的各种活动；下部为无间地狱，画出刀山、剑池、饿鬼等。图下画供养人。

163　第428窟　北壁中层　降魔变

北壁中层东起第二图为降魔变，描绘手法不如北魏第254窟细腻，但整个画面气势宏大，艺术效果颇为强烈。

164　第428窟　西壁中层　涅槃变

佛传说，释迦牟尼八十岁时，于中天竺拘尸那城外婆罗双树间，一日一夜说大般涅槃经毕，头北面西右胁而卧，至午夜入灭。西壁中层北起第二图是敦煌早期壁画中唯一的一幅涅槃变，描绘释迦在娑罗双树下入涅槃的情景；释迦右胁而卧，徒众围绕悲泣。抱足痛哭者为最后赶到的弟子大迦叶。徒众身后的双树绽开白花。

165　第428窟　西壁中层　金刚宝座塔

释迦涅槃后，八国诸王兴兵争夺舍利，有徒卢那婆罗门将舍利分与诸王，各起塔供养。和涅槃变同在西壁，北起第四图为释迦牟尼的纪念塔，画四小塔围绕中央大塔。大塔下层画力士承托，中层画释迦降生，上层画释迦成道，并出现斗拱及中国式殿堂屋顶。覆钵式塔顶立金翅鸟王，上有相轮十一重，悬挂幡幢。其余小塔顶亦有相轮七至九重不等。两侧四天王护卫。

166　第428窟　东壁北侧　须达拏太子本生

叶波国太子须达拏乐善好施，有求必应。敌国怨家收买婆罗门八人，向他乞讨国中百战百胜的白象。太子慷慨施与。大臣入宫禀报国王。国王震怒，将须达拏驱逐出国。须达拏携妻、子驱车出走，一路上遇人乞讨，遂将马、车、衣物施舍殆尽，千辛万苦来到遥远的檀特山中隐居，结庐修行。后又一婆罗门来要他的两个儿子。须达拏乘妻子不在，以绳索缚子交与婆罗门。妻子归来不见二子，痛不欲生。最后婆罗门带孩子到叶波国出卖，为国王知悉。国王感动，将孙儿赎回，并迎太子回国。东壁北侧中层壁画将这一题材绘成上下三段，由上段左端开始，顺次为出游、还宫、施象、控告、布施、辞行、送别、施马、施车、施衣、入山、修行、施子等十几个主要场面，情节发展从上至下呈"Z"形走向。

167　第428窟　东壁北侧　须达拏太子本生（部分）

图为故事画右端上部。上段为婆罗门诡称伤残，乞求白象代步，须达拏慨然施与。中段为婆罗门乘宝象还敌国，大臣向国王控告太子。下段部分可见须达拏入山，结庐修行场面。

168　第428窟　东壁南侧　萨埵太子本生

东壁南侧中层壁画以同北侧相对称的格局绘萨埵太子本生。这是一幅显著中原化了的本生故事图，有别于北魏第254窟的独幅画形式。全画采用横卷连环画式的构图，情节发展自上而下呈"S"形走向。上段南起为三王子辞别国王，骑马出游，林中射靶，歇马谈心。中段北起为三王子入深山，山间观饿虎；萨埵饲虎，刺颈出血，二次投崖。下段南起为二兄见遗骨悲恸，驰马还宫，以萨埵事报告国王；国王收拾遗骨起塔供养。

169　第428窟　东壁南侧　萨埵太子本生（部分）

图为故事画右端下部。上为中段，画萨埵刺颈，二次投崖饲虎。下段表现二兄发现萨埵遗骸，悲痛不能自持；其左侧山石后描绘二兄驰回报信，驰马过处，树木被带起的风刮得倾斜。这互相连续的两个场面均异常生动，渲染出悲剧的高潮。

170　第428窟　后部平棊顶（部分）

中心柱以西窟顶上的这方平棊，变色较少。井心饰水池莲花，在蓝色之上线描水涡纹表现水面。外层岔角画四身裸体飞天，在固定的三角形里，画出不同的舞姿，用笔简练，人体造型准确。此窟后部平棊顶装饰呈现着较多的变化，四方平棊之间还穿插描绘头大体状、风格粗放的双飞天，边饰中也出现了对虎纹等别致的纹样。

171　第428窟　中心柱北向龛坛沿　供养人

此窟四壁下层以横排三列的形式画供养人，以千数计。塔柱四面坛沿所画供养人，亦可过百。北向龛坛沿东段为女供养人，头顶束圆髻带鬈，穿大袖襦长裙，为中原汉族妇女的装扮。

172　第428窟　前部人字披顶（部分）

人字披东披的中段。这是敦煌石窟最出色的人字披图案。影作椽间装饰忍冬、莲花，花草丛中点缀飞天、驰鹿、飞鸟、猿猴，华丽多采，生意盎然。

173　第428窟　中心柱北向龛坛沿　供养人

塔柱北向龛坛沿西段画男供养人，头蒙皂巾，身穿圆领小袖襦、小口裤，是鲜卑族常服，也是北方民族通用之服，当时称"胡服"。

174　第290窟　中心柱东向面

窟形仍属中心塔柱式，但与前期不同，前部人字披顶没有影作仿木结构，而是像在墙面上一样，绘制大面积的佛传故事。塔柱四面各开一圆券龛。东向龛内塑善跏坐佛，左右塑二弟子。龛外两侧塑二菩萨。缠莲柱支撑龛梁。龛楣两侧影塑二十六身已全部脱落。龛上方平棊顶画说法图。龛下塔座壁画上部为供养人及发愿文，下部画药叉。塔柱南、北向面龛内外布局与东向面近似，均作一佛二菩萨二弟子的造像组合，束帛龛柱。西向龛内塑交脚菩萨，并以四菩萨胁侍。四壁壁画以千佛为主，千佛以上由绕窟一周的伎乐飞天代替了天宫伎乐的形式，千佛以下画供养比丘和供养人行列及药叉。

175 第290窟 中心柱南向龛西侧 胁侍菩萨

南向龛西侧右胁侍菩萨，高1.26米，肌肤洁白、聪明俊秀，是北周彩塑艺术的代表作。塔柱四面菩萨立像头大、脸方、上身略长，身上阶梯式衣纹，表现出衣服的厚重质地，种种皆可说明隋代的造型特点正在逐步形成。

176 第290窟 人字披顶东披 佛传之一

这幅佛传，画满了人字披的东、西两披，总共描绘了八十多个情节。人物形象，衣冠服饰已完全汉化。除了常见的画面，如梦日入怀、树下诞生、步步生莲、九龙灌顶、太子练武、出游四门、夜半逾城等外，太子诞生时的瑞应很多。同时，还保存了交龙车、丧车、路祭等形象材料。故事从东披南端开始，上下分三段，情节发展呈"S"形走向。人字披东披宽4.08米。

177 第290窟 人字披顶西披 佛传之二

西披宽4.35米，上下三段故事情节发展同样呈"S"形走向，至下段南端结束，最后的场面为出家、成道和说法。

178 第290窟 中心柱东向面上方平棊顶 说法图与飞天

后部窟顶斗四平棊四角画飞天，有的形象类似力士。中心柱正面上方平棊顶与人字披衔接处的带形幅面内，画说法图与飞天。居中为一佛四弟子的说法图，构图简单，由佛前方的两只卧鹿可知为"鹿野苑初转法轮"，两边跪坐的弟子当为"诸昆弟"。说法图两侧画供养飞天共八身，相向而飞。湛蓝的天空和鲜红的饰带造成强烈的色彩对比。飞天壮健有力、队列密集，并点缀以天花、流云，气氛热烈。在人物的脸庞和肢体上，用白线画出高光，表现肌肉的立体感。

179 第290窟 中心柱北向龛内西侧 菩萨

塔柱北向龛内西侧，巧妙地利用了窄小的空间，画菩萨在佛像身光的背后探露半身。这样生动别致的艺术表现，说明画工在处理宗教题材时，也寄予了自己的生活情趣。

180 第290窟 中心柱西向龛坛沿 胡人驯马

画在供养人队列的中间。马夫右手执鞭，左手揽缰，高鼻深目，应是"胡人"。马夫的用力和骏马的蹬踏反抗表现得维妙维肖，富有生活气息。

181 第290窟 南壁前部上层 说法图及飞天

南、北壁前部人字披下，画小幅说法图及飞天，利用相当于山面的三角形空间，以一佛二菩萨居中，两边各画

莲花化生。从莲蕾，到莲蕾中刚出头，到露出上半身，又到跪坐听法的菩萨，似乎表现出化生的过程，妙趣横生。四壁上方飞天已飞出天宫楼阁，在栏墙凭台之上，顺势变换姿态，演奏伎乐，自由翱翔。飞天着襄衣博带，束发而无冠，已全然汉化。

182 第290窟 南壁下层 供养人及药叉

南壁千佛以下画供养人行列，皆着汉式服装。图中穿长袖圆领大衣、形体特别高大的供养人，是一个王公的形象，其衣冠服饰与同窟佛传故事里的国王无异。供养人以下画药叉。图中以粗犷的笔法表现奏乐舞蹈的药叉。

183 第297窟 西壁

此窟为方形覆斗顶窟，西壁正中开一大龛，龛内塑善跏坐佛，其身光头光饰千佛、火焰。身光两侧画供养菩萨及飞天，塑二弟子像，南侧为阿难，北侧为迦叶。龛外南、北侧各塑侍立菩萨，壁面垂幔下画供养菩萨。塑像头大，身材稍短，肉髻低平，说明已出现了新的造型风格。龛楣中部塑交龙托珠，两侧浮塑羽人，现仅存北侧一身，高0.50米。据中国古代神话，羽人即仙人，"臂化为羽"，乘龙升天。龛楣装饰反映出佛教思想与中国传统神仙思想在当时的相互影响。龛下坛沿画供养人。坛沿下龛座画舞乐供养图，左右画男、女供养人出行场面及车、马，中部树荫下画乐队三人，吹笙、弹琵琶、擘箜篌；二人舞蹈。从服装和舞姿均可看出是流行于河西的胡乐。窟顶中央饰斗四藻井，莲花水心。四披画千佛。千佛以下画飞天，其中伎乐舞蹈与散花供养相间排列。东、南、北壁上部垂幔以下画千佛，下部画供养人、药叉。

184 第296窟 窟顶

主室约4米见方，覆斗形窟顶，中央斗四藻井作华盖式，井心饰水池莲花，四角画飞天，外层垂幔装饰达于四披。藻井外围由忍冬、莲花、禽鸟、宝珠、宝瓶等组成图案，多有变化，不甚规则，是画家兴之所至，得心应手之作。图案以外为千佛一周。千佛以下为环绕窟顶的主题画，有微妙比丘尼缘品、善事太子入海品和福田经变。故事画以下为飞天。一般画在壁面上层的天宫栏墙建筑，在此移到了窟顶，同下边的垂幔结合在一起，作为分隔壁面与顶部的装饰。飞天襄衣博带，有的奏乐，有的散花供养。转角处还偶见飞舞的力士形象。

185 第296窟 西壁

西壁正中开一大龛，内塑善跏坐佛及二弟子，均经清代重修，已失原貌；千佛、火焰纹背光两侧画弟子、飞天及外道；龛楣饰忍冬伎乐。龛外北侧和南侧塑胁侍菩萨各一身，亦经清代重修。菩萨身后壁面画供养菩萨各二身，上方近窟顶处分别画东王公（帝释天）、西王母（帝释天妃），在大体为矩形的较小幅面内进行构图，地色素净，赋彩淡雅，内容同西魏第249窟所见相仿。南、北壁上部画千佛；下部上层绘故事画，南壁为五百强盗成佛因缘，北壁为须闍提本生，下层画药叉。东壁上部千佛，下部画供养人及药叉。

186 第296窟　窟顶西披南段　善事太子入海品之一

这是一幅长篇故事画，叙述国王勒那跋弥有二子，一名善事，一名恶事。善事出游，见穷人、病人心生怜悯；见民众劳苦，屠宰牛羊，虫鸟相食，都是在为衣食而杀生害命；于是便以王宫财物，布施穷困。国库将空，善事决定入海求摩尼宝珠。恶事与善事同行。善事取得宝珠后，恶事心生嫉妒，刺瞎善事双目，夺取了宝珠。善事幸得牛王及牧人相救，伤愈后，流落异国，沿街弹琴乞食为生，后被当地（梨师跋国）国王用作守园人。国王的女儿在园中遇见善事，心生爱慕，遂结为夫妇。善事终于双目复明，还归故国。故事情节自窟顶西披龛楣南侧始，画了国王勒那跋弥宫居、国王求仙人为子、第一夫人生善事等内容，然后转入南披。

187 第296窟　窟顶北披西段　微妙比丘尼缘品之二
188 第296窟　窟顶西披北段　微妙比丘尼缘品之一

此图据贤愚因缘经画成。比丘尼微妙"前生"有罪，今世受到报应，备受苦难折磨，最后出家为尼，修来世。窟顶西披北段由左起，画微妙亲身说法，身后表现微妙前生以钉子谋害"小妇"之子，以下接着画今世所遭报应：婚后妊娠；丈夫被蛇咬死；儿子被狼食、水溺；老梵志前来告知娘家失火，全家死难事。以下转入北披。

北披西段自左起，接西披画微妙再嫁梵志；产子之夜，丈夫酒醉回家，烹煮幼婴，逼微妙共食；微妙被迫出走，路遇为新丧妻子上坟的长者子；微妙与长者子结婚；新婚七日丈夫暴病而死，微妙被殉葬，盗墓贼发冢，微妙获救；贼首强迫微妙结婚；贼首被判罪处死；微妙再次殉葬，因狼、狐扒坟而得救。最后画微妙见佛，被度为比丘尼。此段中部先于下层画微妙路遇青年，被邀至前妻墓园中谈心；然而转入上层画二人指天盟誓，美满成姻；再转入下层画青年暴病，上层接着画众人诣所慰问。故事描绘生动，情节发展呈"W"形走向。

189 第296窟　窟顶北披东段　福田经变

福田经变讲种丝发之德，可获无量之福，这里画了一些修功德的场面，即《诸德福田经》中所谓"七法"。前微妙比丘尼缘品图尾端已达北披东段，以两朵四瓣花为间隔，接着画福田经变。自左起首先画"兴立佛图僧房堂阁"。上层画砌造佛塔。下层画建盖佛堂，有画工在壁上作画，泥工整修屋顶。往右依次画种植果园，荫庇旅人；广施医药，救治病人；铺设道路，建造桥梁；凿井饮畜以及设立"精舍"等场面。

190 第296窟　窟顶南披东段　善事太子入海品之三
191 第296窟　窟顶东披北段　善事太子入海品之五
192 第296窟　窟顶南披西段　善事太子入海品之二
193 第296窟　窟顶东披南段　善事太子入海品之

上接西披南段画国王第二夫人生恶事；国王为二太子起三时殿，冬时居温殿，夏时居凉殿，春秋居中殿，善事乘象舆出游，"街道陌中，一切人民，挟道两边，楼阁上，观者无数。"

紧接上图，南坡东段右起画太子骑马出行，见屠户宰牛，"稍割称卖"；见农夫耕田，"垦地虫出，虾蟆拾吞。复见有蛇，吞食虾蟆。孔雀飞来，啄食其蛇"。见猎户挽

弓射狩，造设陷井，兽类"堕在其中，惊张鸣吼，不能得脱"。见渔夫在河池边张网捕鱼，鱼"狼藉在地，跳踉申缩，死者无数"。太子深叹："人由饮食，杀害众生；役身役力，辛苦乃尔"，因起布施之心。

情节转入东披，南起画善事还宫，忧念不乐，奏准父王，开库布施，"随人所须，一切悉给"；大臣告知国王库藏将尽，善事愿入海求如意宝珠；善事与恶事乘马出发，等等。

东披北段接上图画善事渡海，至七宝城，取得宝珠；船沉，太子因有宝珠，身不被溺；恶事刺瞎善事双目并夺走宝珠；善事于梨师跋国得牛王和牧牛人救治；善事弹琴乞食，被雇为看园人；梨师跋王女偶见善事，情意相属，园中相伴，遂结为夫妇。因幅面所限，故事画到此为止，以下情节略去。

194 第296窟　北壁中层　须阇提本生

特叉尸利国，是一大国，王名提婆。王子十人，各领一小国。大臣罗睺杀王自立，并派兵杀诸小王。提婆最小的儿子名善住，闻讯携妻、子逾城逃走，不幸误入歧路。中途粮绝，数日饥饿，善住欲杀妻以保存自身和儿子。子须阇提请求父亲说：勿杀我母，愿以己肉克饥。于是每日割肉奉亲，维持生命。身肉殆尽，垂危之际，天神又化作狮、虎以试其志；感其诚，便以神通力使其身体复原。邻国闻王子孝顺，将须阇提父子迎入宫中供养，并发兵协助平叛复国。北壁千佛下自西端起，画夜叉告知，逾城逃走；误入歧途，善住欲杀妻济子；王子割肉奉亲；狮、虎袭来；邻国出迎；发兵复国等。东端已被清代的穿洞所破坏。本生故事画以下画药叉。

195 第296窟　南壁中层　五百强盗成佛

南壁千佛下画五百强盗成佛因缘，故事情节由西而东，画大臣向楼阁内的国王波斯匿报告军情；国王发兵，同五百强盗鏖战；五百人寡不敌众，兵败遭擒，被解送回营；在楼阁前，五百人受审；五百人受剑眼酷刑后放逐山野，痛苦哀号；释迦施法力使其复明并现身说法，五百人皈依出家；禅修成道。图与西魏第285窟南壁上层故事画内容相同，但表现形式有所区别，画面的大部分着重于表现军队战斗场面。此图与北壁的须阇提本生对称，构图上均在两头安置楼阁或城池，中间郊野途中展开人物的活动，情节的安排巧妙地统一在一定的景物描绘中。

196 第299窟　窟顶北披　睒子本生（部分）

窟室平面方形，西壁开一龛。龛内塑一佛二弟子，画弟子、飞天、外道。龛外两侧塑二菩萨。东、南、北壁画千佛，下部画供养人及三角形垂帐纹。窟顶为覆斗形，中央饰斗四藻井，莲花井心，藻井周边垂幔铺于四披。垂幔以下绕窟一周为故事画。故事画以下为伎乐天。睒子本生故事画由西披北段开始，转入北披，画迦夷国王进山射猎。侍奉盲父母在山中修行的睒子，着鹿皮衣提瓶在溪边汲水，被国王在马上用箭误伤。故事说，睒子临死别无所求，只请国王代为照应二老。画面再转入东顶，画盲父母在山中修行，国王前来告知误射睒子事，并领二老到出事地点。情节又转回北顶，表现父母扑向儿子，嚎啕大哭。天神受睒子孝心感动，使睒子复活，父母复明。北披中部

221

误射睒子场面是全图的高潮和重点。在这里，自然景物不再是可有可无，而成为表现内容的重要因素，图中宁静幽美的环境，描绘得很真切，同悲剧性的故事情节紧密结合，比之早期"人大于山"的画法，无疑是一个进步。这一部分画面，构图完整，是北周的壁画杰作。它的出现，预示着一个风格统一、艺术成就辉煌灿烂的新时代即将来临。

197　第299窟　窟顶西披　睒子本生与萨埵太子本生（部分）

　　窟顶西披，龛楣中央，茂密的忍冬丛中，有优美闲适的乐舞，两侧有莲花化生，还有鸟雀、猿猴在嬉戏。窟顶以龛楣的楣尖分界。北段是睒子本生的开端，画国王坐堂，下令准备出猎，以下转入北披。南段是萨埵太子本生的开端，画三兄弟辞别父王，准备出游，然后转入南披。南披西段现存太子出游和沿途射猎场面。南披东段已经坍毁。

第275窟实测图

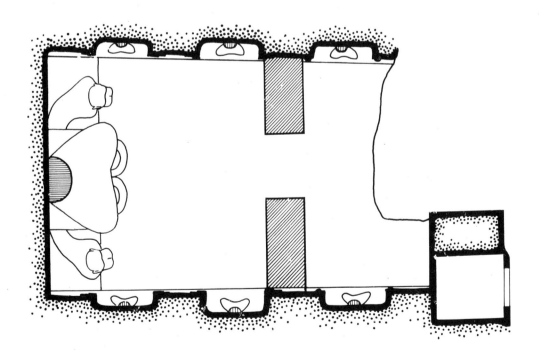

50　0　　　　100　　　　200cm

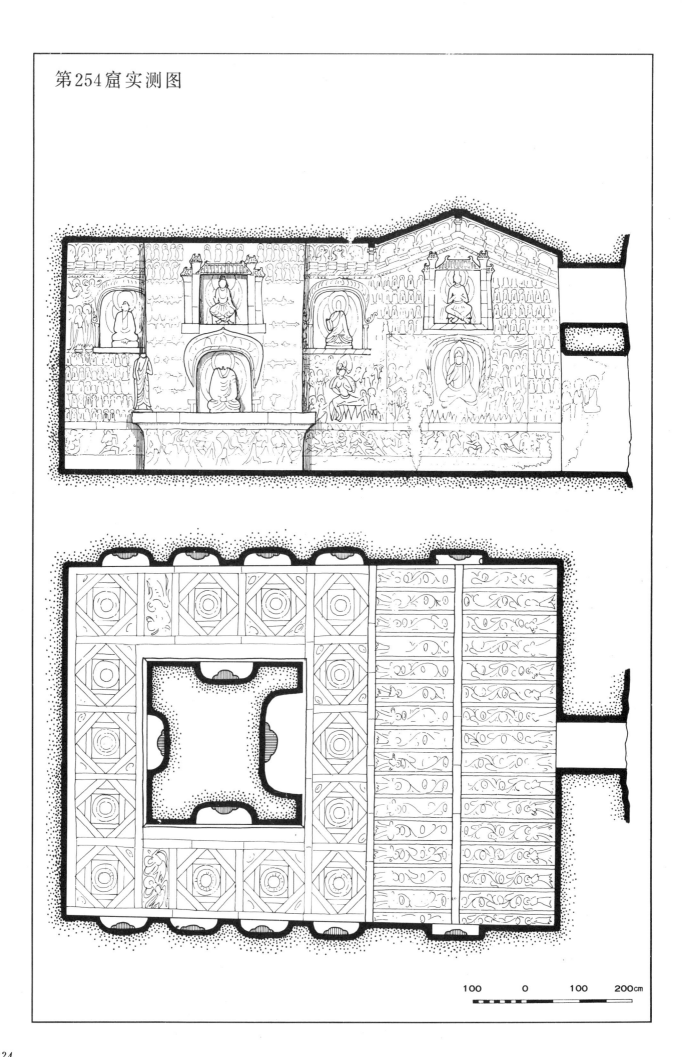

第254窟实测图

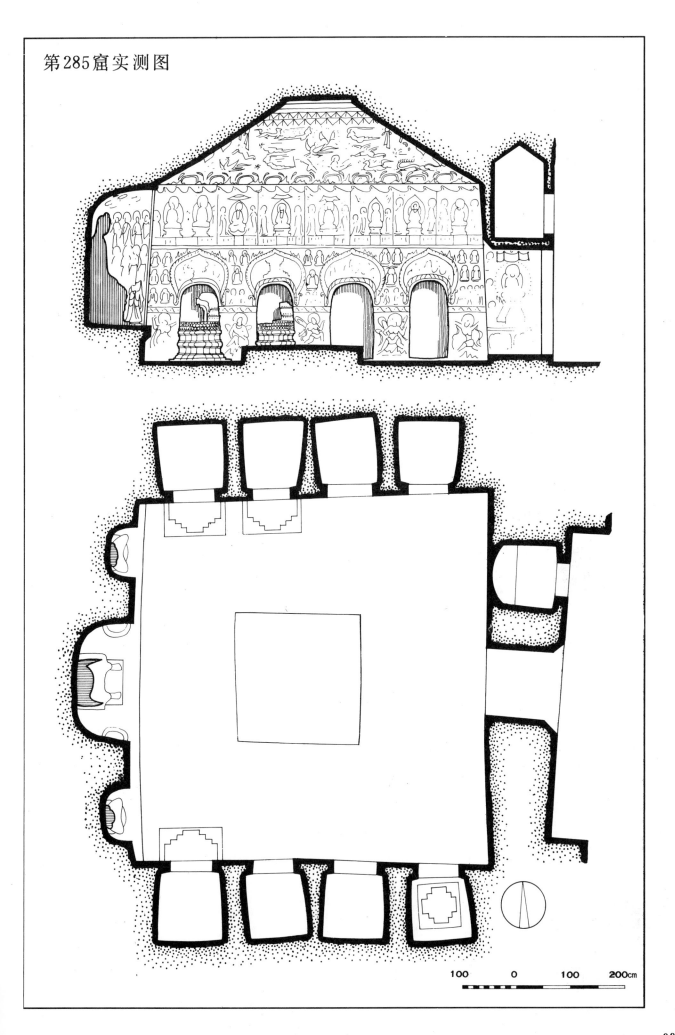

第285窟实测图

100 0 100 200cm

敦煌莫高窟大事年表　（一）

史苇湘编

公元前 121 年	西汉	元狩二年	庚申	骠骑将军霍去病击匈奴于河西走廊，收月氏故地。　（《资治通鉴》卷十九）
公元前 115 年	西汉	元鼎二年	丙寅	置酒泉郡。　（《资治通鉴》卷二十）
公元前 111 年	西汉	元鼎六年	庚午	分武威、酒泉地置张掖、敦煌郡。　（《资治通鉴》卷二十）
公元前 108 年	西汉	元封三年	癸酉	自酒泉列亭障至玉门关。　（《资治通鉴》卷二十一）
公元前 105 年	西汉	元封六年	丙子	渔泽尉崔不意教民力田，以勤效得谷，因立渔泽障为效谷县。（《汉书》卷二十八《地理志》注）
公元 9 年	新	始建国元年	己巳	郡县尽易其名，王莽改敦煌为敦德，敦煌县为敦德亭。初，敦煌郡辖：敦煌、冥安、效谷、渊泉、广至、龙勒六县，玉门、阳关两关，一万一千二百户，三万三千三十五口。（《汉书》卷二十八《地理志》、《资治通鉴》卷三十七）
公元 25 年	东汉	建武元年	乙酉	窦融据河西五郡，辛彤为敦煌太守。　（《资治通鉴》卷四十）
公元 67 年	东汉	永平十年	丁卯	蔡愔与沙门摄摩腾、竺法兰携佛经抵洛阳。　（《资治通鉴》卷四十五注）
公元 76 年	东汉	建初元年	丙子	正月，发张掖、酒泉、敦煌三郡及鄯善兵击车师，匈奴遁。三月，耿恭等从车师还敦煌。　（《资治通鉴》卷四十六）
公元 227 — 232 年	魏	太和中	丁未—壬子	仓慈为敦煌太守，抑制豪强，保护西域商旅。　（《三国志》卷十六《仓慈传》）
公元 249 — 253 年	魏	嘉平中	己巳—癸酉	皇甫隆为敦煌太守，改进当地耕种技术。　（《三国志》卷十六《仓慈传》注）
公元 260 年	魏	甘露五年	庚辰	朱士行出家为沙门，后出塞西行至于阗国，取得《放光般若经》九十章。太康三年（公元 282 年）遣弟子送经至洛阳。（《出三藏记集》卷七）
公元 266 年	西晋	泰始二年	丙戌	敦煌僧竺法护至长安，于青门内白马寺口授《须真天子经》，安文惠、帛元信传言，聂承远等笔受。（《出三藏记集》卷七）
公元 284 年	西晋	太康五年	甲辰	二月，竺法护在敦煌译《修行道地经》。十月，龟兹副使羌子侯至敦煌。法护从彼处得《不退转法轮经》，译为汉语，皆沙门法乘笔受。（《出三藏记集》卷七、《出三藏记集经序续编》卷四）
公元 286 年	西晋	太康七年	丙午	竺法护在敦煌译《正法华经》二十七品，优婆塞聂承远等笔受。（《出三藏记集》卷八）
公元 280 — 289 年	西晋	太康中	庚子—已酉	敦煌人索靖博经史，与乡人汜衷、张甝、索绍、索永并称"敦煌五龙"。先拜驸马都尉，出为西域戊己校尉长史，以才艺绝人，擢为尚书郎。后又拜酒泉太守。另据《莫高窟记》，索靖曾于莫高窟题壁号仙岩寺①。太康十年（公元 289 年）竺法护于洛阳白马寺授《文殊师利净律经》、《魔逆经》，聂道真笔受。　（《晋书》卷六十《索靖传》、《出三藏记集》卷七）
公元 336 年	前凉	建兴②二十四年	丙申	张骏分凉州西界三郡置沙州，领敦煌郡。于姑藏起谦光殿，画以五彩，饰以金玉，又于殿之四面起宜阳、朱阳、刑政、玄武四殿。　（《晋书》卷八十六《张骏传》）
公元 353 年	前凉	建兴四十一年	癸丑	据《沙州土镜》，莫高窟于"永和八年癸丑岁创建窟"③。

公元 359 年	前凉	建兴四十七年	己未	敦煌沙门单道开至建业。 （《高僧传》卷九）
公元 366 年	前凉	升平②十年	丙寅	沙门乐僔在莫高窟造窟一所。后复有法良禅师于僔师龛侧造窟。（李怀让《重修莫高窟佛龛碑》）
公元 372 年	前凉	升平十六年	壬申	敦煌人郭瑀精通经义，多才艺，善属文，于张掖之薤谷凿石窟而居，授徒达千人。 （《晋书》卷九十四《郭瑀传》）
公元 376 年	前凉	（升平）二十年	丙子	苻坚灭凉，张天锡降。敦煌归前秦。 （《十六国春秋·前秦录》）
公元 384 年	前秦	建元二十年	甲申	苻坚徙江汉民众万余户至敦煌；中州之人，有田畴不辟者亦徙七千余户。吕光平西域三十六国。 （《晋书》卷八十七《凉武昭王李玄盛传》、《晋书》卷一○四《苻坚传》）
公元 386 年	后凉	太安元年	丙戌	吕光据河西，建后凉。敦煌归后凉。鸠摩罗什至凉州。（《晋书》卷一二二《吕光传》、《十六国春秋·后凉录》）
公元 395 年	后凉	麟嘉七年	乙未	武威张掖以东人西奔敦煌、晋昌者数千户。 （《晋书》卷八十七《凉武昭王李玄盛传》）
公元 400 年	后秦	弘始二年	庚子	法显等人西行求法，至敦煌停留月馀，得敦煌太守李暠供给。法显继续西行渡流沙。十一月，李暠自称凉公，据敦煌，是为西凉。 （《法显传》、《十六国春秋·西凉录》）
公元 401 年	西凉	庚子二年	辛丑	李暠于敦煌西门外起靖恭堂，以议朝政，阅武事，图赞自古圣帝、明王、忠臣、孝子等。 （《北史》卷一百《李暠传》）
公元 404 年	西凉	庚子五年	甲辰	一月，敦煌立沣宫，增高门学士五百人，起嘉纳堂于后园，以图赞所志。智猛招结沙门十五人，从长安出阳关，渡流沙，往天竺。 （《晋书》卷八十七《凉武昭王李玄盛传》、《十六国春秋·西凉录》、《高僧传》卷三）
公元 407 年	西凉	建初三年	丁未	西凉遣沙门法泉向东晋奉表。敦煌人刘昞被征为儒林祭酒，著有《敦煌实录》，《人物志》等书，受业弟子五百余人。（《资治通鉴》卷一一四、《魏书》卷五十二《刘昞传》）
公元 413 年	西凉	建初九年	癸丑	天竺僧昙无谶离鄯善至敦煌。 （《高僧传》卷二）
公元 420 年	西凉	永建元年	庚申	永靖炳灵寺建佛龛。在今炳灵寺第 169 窟北壁有西秦建弘元年三月廿四日造题记。
公元 421 年	西凉	永建二年	辛酉	沮渠蒙逊率众攻敦煌，西凉亡，敦煌归北凉。 （《资治通鉴》卷一一九）
公元 422 年	北凉	玄始十一年	壬戌	罽宾僧昙摩密多从龟兹至敦煌，建立精舍，植榛千株，开园百亩。房阁池林极为严净。 （《高僧传》卷三）
公元 426 年	北凉	玄始十五年	丙寅	在凉州沮渠兴国等请昙无谶译《优婆塞戒经》。 （《出三藏记集》卷九）
公元 427 年	北凉	玄始十六年	丁卯	凉州沙门道泰、智嵩、道朗等，与天竺沙门浮陀跋摩，在凉州内苑闲豫宫寺，译成《毗婆沙经》一百卷。 （《出三藏记集》卷十）
公元 428 年	北凉	承玄元年	戊辰	高善穆造释迦文尼得道塔④
公元 435 年	北凉	永和三年	乙亥	河西沙门昙学成德等八僧，在于阗大寺遇般遮于瑟之会，听说经律，各书所闻，还高昌集为一部。是年赍至凉州，河西沙门慧朗命名为《贤愚经》。 （《出三藏记集》卷九）
公元 437 年	北凉	永和五年	丁丑	沮渠牧犍遣使奉诣宋献《十三州志》、《敦煌实录》等河西著述一百五十四卷；又求晋、赵《起居注》诸杂书数十件，宋文帝刘义隆赐之。初，牧犍尊刘昞为国师。（《宋书》卷九十八《胡大且渠蒙逊传》、

公元439年	北魏	太延五年	己卯	北魏灭北凉,徙牧犍宗室士民十万户于平城。 (《十六国春秋·北凉录》)
公元441年	北魏	太平真君二年	辛巳	北魏以沮渠无讳为凉州牧。 (《资治通鉴》卷一二三)
公元442年	北魏	太平真君三年	壬午	北魏遣将讨无讳于敦煌。无讳捐城遁走;渡流沙,据鄯善。李宝自伊吾还敦煌,修缮府城。遣使诣魏,魏授宝沙州牧、敦煌公。宝弟怀达为敦煌太守。 (《魏书》卷三十九《李宝传》)
公元444—452年	北魏	太平真君五年—正平二年	甲申—壬辰	北魏太武帝拓跋焘于郡置敦煌镇。 (《元和郡县志》卷四十)
公元445年	北魏	太平真君六年	乙酉	北魏万度归至敦煌,留其辎重,将轻骑五千渡流沙,击鄯善。西域复通。 (《资治通鉴》卷一二四)
公元446年	北魏	太平真君七年	丙戌	三月,北魏太武帝诏诸州诛沙门,毁佛像,灭佛法。 (《魏书》卷一一四《释老志》)
公元452年	北魏	兴安元年	壬辰	北魏文成帝拓跋浚诏复佛图,许出家。前所毁图寺,准修复。命师贤为沙门统。 (《魏书》卷一一四《释老志》)
公元454年	北魏	兴光元年	甲午	昙曜于平城(大同)武州塞凿窟五所。 (《魏书》卷一一四《释老志》)
公元469年	北魏	皇兴三年	己酉	沙门统昙曜奏请立僧祇户、僧祇粟、佛图户,诏准后遍于州郡。 (《魏书》卷一一四《释老志》)
公元471年	北魏	延兴元年	辛亥	八月,孝文帝元宏嗣位。以南安王元桢为督凉州及西戎诸军事、并领护西域校尉,镇凉州。 (《魏书》卷七《高祖纪》)
公元472年	北魏	延兴二年	壬子	闰六月,柔然部帅无卢真将三万骑袭敦煌,镇将尉多侯击走。又寇晋昌,被守将薛奴击走。后尉多侯猎于南山,柔然部帅度拔复围敦煌,断其归路,被多侯大破之。 (《资治通鉴》卷一三三、《魏书》卷二十六《尉多侯传》)
公元482年	北魏	太和六年	壬戌	敦煌僧释法颖(俗姓索)卒于江西多宝寺。 (《高僧传》卷十一)
公元486年	北魏	太和十年	丙寅	正月,朝会始服衮冕。四月制五等公服。是岁改中书学为国子学。 (《资治通鉴》卷一三六)
公元487年	北魏	太和十一年	丁卯	南朝梁范缜约于此际著《神灭论》。北魏广阳王施刺绣佛像⑤。 (《梁书》卷四十八《范缜传》)
公元492年	北魏	太和十六年	壬申	敦煌僧超辩(俗姓张)卒于南齐建业上定林寺。 (《高僧传》卷十二)
公元495年	北魏	太和十九年	乙亥	北魏自平城迁都洛阳。约于此际始营伊阙石窟。 (《资治通鉴》卷一三八、文物出版社1980年版《龙门石窟》)
公元502年	北魏	景明三年	壬午	上邽镇张元伯在麦积山造窟⑥。
公元516年	北魏	熙平元年	丙申	北魏孝明帝元诩罢敦煌镇改瓜州为敦煌郡,寻又改为义州。后孝庄帝子攸又改为瓜州。 (《元和郡县志》卷四十)
公元518年	北魏	神龟元年	戊戌	比丘惠生与敦煌人宋云往西域取经。 (《洛阳伽蓝记》卷五)
公元521年	北魏	正光二年	辛丑	安西将军元洪超到敦煌安置柔然婆罗门。 (《资治通鉴》卷一四九)
公元522年	北魏	正光三年	壬寅	瓜州建文寺主沙门都维那慧超卒。慧超生前曾"图金容于灵刹……",功未毕而殁,比丘法定继成其业。
公元529年	北魏	永安二年	己酉	八月,封瓜州刺史元荣为东阳王。初,孝昌元年之前北魏宗室元荣出任瓜州刺史。 (《魏书》卷十《孝庄纪》)

公元530年	北魏	建明元年	庚戌	瓜州刺史、东阳王元荣造写《仁王护国般若波罗蜜经》三百部。在此前后，元荣在莫高窟修造佛窟。 （许国霖《敦煌石室写经题记与敦煌杂录》）
公元531年	北魏	普泰元年	辛亥	元荣施银钱千文造经，祈愿还阙。 （敦煌石窟遗书S.4528经尾题记）
公元532年	北魏	普泰二年	壬子	元荣造《无量寿经》一百部，《贤愚经》、《观佛三昧经》、《大云经》各一部，《内律》五十卷一部。 （敦煌石窟遗书P.2143经尾题记）
公元533年	北魏	永熙二年	癸丑	元荣又造写《涅槃》、《法华》等经各一部，合一百卷。 （敦煌石窟遗书S.4415经尾题记）
公元535年	西魏	大统元年	乙卯	宇文泰害北魏孝武帝元修，立元宝炬为文帝，都长安，是为西魏。于长安立大中兴寺，尊释道臻为沙门统，大立科条。敦煌归于西魏。 （《续高僧传》卷三十）
公元538年	西魏	大统四年	戊午	八月，敦煌信士阴安归在莫高窟画迦叶像一铺⑦。
公元539年	西魏	大统五年	己未	滑黑奴等在敦煌莫高窟画无量寿佛一铺⑦。
公元542年	西魏	大统八年	壬戌	东阳王元荣婿瓜州刺史邓彦与妻昌乐公主元法英造写《摩诃衍经》一百卷。 （赵万里《魏宗室东阳王荣与敦煌写经》）
公元557年	北周	闵帝元年	丁丑	宇文护废西魏恭帝，立宇文觉为帝，建北周。敦煌归于北周。 （《资治通鉴》卷一六七）
公元563年	北周	保定三年	癸未	改敦煌为鸣沙县。 （《元和郡县志》卷四十、《太平寰宇记》卷一五三）
公元564年	北周	保定四年	甲申	省寿昌郡入鸣沙（敦煌）县。麦积山七佛阁在此前后建成。 （敦煌石窟遗书写本《寿昌县地境》、冯国瑞《麦积山石窟志》）
公元571年	北周	天和六年	辛卯	在此前后，燕国公于寔为凉州大总管，其弟瓜州刺史、建平郡公于义在莫高窟修造佛窟。 （《周书》卷五《武帝纪》、李怀让《重修莫高窟佛龛碑》）
公元573年	北周	建德二年	癸巳	十二月，集群臣、沙门、道士，辩三教先后，以"儒教为先，道教次之，佛教为后"。 （《周书》卷五《武帝纪》）
公元574年	北周	建德三年	甲午	北周武帝下令禁断佛道二教，经像悉毁，令沙门道士二百余万还俗。时沙门靖嵩等三百人逃往南朝。废瓜州阿育王寺、沙州大乘寺。 （《周书》卷五《武帝纪》、《续高僧传》卷十二、《神州三宝感通录》卷上）
公元579年	北周	大成元年	己亥	北周宣帝宇文赟诏复佛像及天尊像。敦煌世族翟氏迁于三崡，镌龛开窟。 （《周书》卷七《宣帝纪》、莫高窟第220窟供养人题记）
公元580年	北周	大象二年	庚子	北周静帝宇文衍诏复佛道二教。保定三年至大象二年期间，鸣沙县丞张缇等在莫高窟修造佛窟⑧。 （《周书》卷八《静帝纪》）
公元581年	北周	大定元年	辛丑	二月，隋王杨坚废宇文衍称帝，为隋开皇元年。北周亡。 （《隋书》卷一《高祖纪》）。

注

① 《莫高窟记》为石窟遗书P.3720；莫高窟今第156窟前室北壁墨书题记与此卷所记同。

② 据《晋书·张轨传》和出土文物，前凉除公元354年曾改"和平"外，前凉年号初用晋愍帝"建兴"年号；公元361年又改用东晋穆帝"升平"年号。一般年表列有前凉历世年号。兹本年表中之前凉年号，均不从前凉历世年号。

③ 《沙州土镜》为石窟遗书P.2691。"永和八年"为公元352年；"癸丑"，则是公元353年。"永和八年"者，当为抄

写致误。

④ 此塔系公元1969年在酒泉出土。

⑤ 刺绣佛像残件于1965年3月在莫高窟今第125、126窟窟前遗址曾有发现。

⑥ 即今麦积山第115窟，佛座有"景明三年九月十五日……造"题记。

⑦ 阴安归画迦叶像一铺和滑黑奴等画无量寿佛一铺均在今第285窟北壁。发愿文纪年分别为"大代大魏大统四年岁次戊午八月中旬造"和"大代大魏大统五年五月廿一日造讫"。

⑧ 即今第442窟。此窟北壁存"鸣沙县丞张缌"等供养题记。按，北周武帝保定三年改敦煌县为鸣沙县。北周洞窟书"鸣沙县丞"题记，当在保定三年（公元563年）至北周末年（公元580年）之间。